한민족 디아스포라 행전

History of Diaspora

한민족 디아스포라 행전
History of Diaspora

발행일 2016년 8월 12일 초판1쇄 발행
지은이 이 형 자
발행처 도서출판 선교햇불
등록번호 제54호
등록일 1999년 9월 21일
주소 서울시 송파구 삼전동 103번지
전화 02-2239-2739 **팩스** 02-2203-2738
E-mail ccm2u@gmail.com

한민족 디아스포라 행전

History of Diaspora

이 형 자 지음

행복한 벗나무 아래서 – 휴식, 163x132cm, oil on canvas, 2016, 한광숙

신교횃불

우리는 하나님의 은혜 없이는 살 수 없는 사람들입니다. 하나님의 은혜와 사랑이 우리가 살아가는 힘입니다. 하나님의 은혜와 사랑으로 살아가는 우리는 그 은혜와 사랑을 나누는 도구이자 통로가 되어야 합니다. 하나님께서 누군가를 내게 보내셔서 하나님의 은혜와 사랑을 보여주셨듯이, 우리도 누군가에게 다가가 그 사랑을 전하는 증인이 되어야 합니다.

그런데 아직 세상에는 하나님의 사랑과 복음을 듣지 못하고, 알지 못하는 이들이 너무나 많습니다. 그들에게 복음을 전하기 위해 지난 수천년 동안 수많은 기독교인들이 기도의 땀방울을 흘려왔고, 수많은 선교사와 전도자들이 뜨거운 눈물과 순교의 피를 흘려가며 희생과 헌신을 거듭해왔습니다.

특별히 1974년 제1차 로잔대회 이후 '10/40 창 운동'이라는 개념이 등장하고 '미전도종족 선교'라는 획기적인 선교 패러다임의 전환을 통해, 지난 40여 년간 세계의 복음지도자들과 선교사들은 지상에서 단 한 종족이라도 하나님의 복음을 듣지 못하는 종족이 없도록 하고자 부단한 노력을 기울여왔습니다. 그러나 지금까지도 우리는 아직 모든 부족에게 복음을 전하지 못했습니다. 우리는 아직 땅끝까지 이르지 못하였습니다. 뜨거웠던 선교의 불길은 조금씩 식어가고 기독교 선교는 인종 갈등, 종교 갈등이라는 장애에 맞닥뜨리고 있습니다.

이러한 때에 (재)기독교선교횃불재단의 이형자 이사장님을 통해 하나님은 "너는 먼저 네 민족을 위로하라"는 말씀과 함께, 우리가 잊고 있었던 우리의 한민족 디아스포라를 기억하게 하셨습니다. 새로운 비전을 보여주셨습니다. 그렇습니다. 우리는 '동양의 유대인'이라 불리는 민족입니다. 유대인이나 중국인보다 더 많이, 더 폭넓게 전 세계 181개국에 흩어져 뿌리내리고 살아가고 있는 '21세기의 디아스포라'입니다. 이제 하나님께서는 한민족 디아스포라들을 통해 땅 끝까지 복음을 전하려는 당신의 비전을 이루려고 하십니다.

저도 젊어서 미국으로 유학을 떠나 이민교회를 목회하면서 디아스포라의 삶을 경험한 사람입니다. 그래서 본의 아니게 전 세계로 흩어져 살아야 했던 한민족 디아스포라들의 삶과 아픔에 대해 누구보다 공감하고 아파하는 사람 중 하나입니다. 그리고 저는 누구보다 더 우리 디아스포라들의 저력을 믿습니다. 무한한 가능성이 있다고 확신합니다. 제 귀에는 지금 한민족 디아스포라를 향해 말씀하시는 하나님의 음성이 들리고 있습니다. 하나님은 지금 말씀하십니다. "디아스포라여, 일어나라! 주저앉아 있지 말고, 가만히 누워 있지 말고, 당당히 그 자리에서 일어서라! 그래서 하나님이 말씀하시는 땅, 네가 나고 자라고 살아온 그 땅에서 하나님의 사랑과 은혜를 전하는 도구와 통로가 되라!"고 말씀하십니다.

저는 그동안 횃불한민족디아스포라세계선교대회에 설교자로 참여하면서 전 세계에서 모여든 우리 한민족 디아스포라들을 하나님께서 어떻게 위로하시는지 지켜보았습니다. 그들의 상처받은 마음을 어루만져 주시고, 그들의 흔들리는 정체성을 굳세게 잡아주시는 현장을 목격하였습니다. 뜨거운 눈물과 헌신의 기도 속에서 그들이 어떻게 변화하는지를 지켜보았습니다.

디아스포라 선교사로서의 소명과 비전을 품고 다시 떠나왔던 땅으로 돌아가는 그들의 뒷모습은 얼마나 당당하던지요. 복음에 대해, 하나님에 대해, 한민족에 대해 더 알고 싶고 공부하고 싶어 이 땅에 남아 기도하는 이들의 기도소리는 얼마나 뜨겁던지요.

이형자 이사장님이 쓰신 두 권의 책 『한민족 디아스포라(Story of Diaspora)』와 『한민족 디아스포라 행전(History of Diaspora)』은 한민족 디아스포라의 역사에 대한 탐구이자, 한민족 디아스포라가 나아가야 할 비전에 대한 이정표입니다.

이 책 속에는 나라를 잃고 뿔뿔이 흩어져야 했던 우리 한민족의 슬픈 역사가, 자의가 아니라 타의에 의해 낯선 땅 낯선 민족 속으로 강제로 끌려가야 했던 우리의 아픈 상처가 고스란히 들어 있습니다. 그러나 그 속에서 우리는 그 흩으심과 모으심의 과정을 통해 역사하시는 하나님의 섭리를 만날 수 있습니다.

이 책들을 통해 여러분들도 한민족 디아스포라 선교의 비전을 공유했으면 좋겠습니다. 이 책들을 통해 하나님을 알지 못하는 이들이 하나님을 만나게 되는 귀한 역사가 일어나기를 소망합니다.

할렐루야교회 원로목사 김상복

| 추천사 |

기독교선교횃불재단의 이형자 이사장님은 성령의 사람입니다. 그분의 매일 매일의 삶이 하나님과 교제하며 기도하는 삶이기 때문입니다. 그 매일의 기도 중에 하나님은 더욱 선명히 뜻을 보이셨습니다. 그것은 디아스포라 선교의 비전이었습니다.

이형자 이사장님은 하나님의 명령에 순종하였고 횃불한민족디아스포라세계선교대회를 성황리에 개최하였습니다. 전 세계 각국에 흩어져 있던 한민족 디아스포라가 모였고 그들은 한민족임을 확인했습니다. 민족의 정체성을 회복하는 동시에 하나님 나라의 한백성임을 결속하는 자리였습니다. 성령이 넘치는 자리였습니다.

저 역시 그 선교대회에서 대표회장으로 동참하였고 횃불한민족디아스포라세계선교대회의 앞으로의 잠재력과 선교에 대한 무한한 비전을 보았습니다. 역시 한민족이라는 뿌리로 묶여 있다는 것은 대단한 이점이었습니다. 벌써 그 대회를 세 번 주최하였고 네 번째 대회를 준비중이라니 과연 하나님이 함께 하시는 일이라는 생각이 듭니다.

특히 더 반가운 것은 이번 대회를 준비하면서 횃불재단이 한민족 디아스포라에 관한 책을 발간했다는 것입니다. 그동안 이형자 이사장님을 통해 하나님이 어떻게 디아스포라 대회를 준비하게 하셨는지, 또한 대회를 준비하는 과정에서 모은 자료와 체험과 대회 후일담 등 많은 궁금증이 있었습니다. 그래선지 금번에 대회와 함께 두 권의 책도 함께 내셨다니 그 열정에 박수를 보냅니다.

한민족 디아스포라의 역사는 이스라엘 민족에 비하면 짧지만 우리 한민족의 역사 속엔 한이 있고 아픔이 있지만 은혜도 있습니다. 두 권의 책 속엔 하나님께서 우리 민족을 얼마나 사랑하셨고 한민족 디아스포라를 어떻게 사용하시기 원하시는지, 과거에 대한 정리와 미래에 대한 비전의 제시까지 펼쳐져 있습니다.

21세기 선교의 패러다임이 바뀌고 있습니다. 보내는 선교에서 미전도종족 선교로, 이제는 현지 디아스포라 선교로 바뀌어가고 있습니다. 현지 문화와 언어에 가장 익숙한 디아스포라만큼 좋은 선교사가 없기 때문입니다.

이런 상황 가운데 횃불재단에서 발간한 두 권의 책은 한민족 디아스포라를 통한 선교로의 확실한 전환점이 될 것입니다. 이 책을 통해 또한 한민족 디아스포라에 대한 올바른 이해와 사랑, 우리 민족의 역사와 삶을 관통하는 하나님의 은혜가 복음과 맞닿아 있다는 것을 알 수 있기 때문입니다. 해외 선교의 새로운 길을 열어갈 비전을 찾게 되리라 믿으며 모두에게 일독을 권합니다.

온누리교회 담임목사 이재훈

지금은 한민족 디아스포라에 대한 시각전환이 필요한 때

2008년 어느 날이었다. 횃불재단의 중요한 행사 중 하나였던 2007세계여성리더선교대회(WOGA2007)를 마친 지 얼마 되지 않았을 때였다. 워낙 큰 대회를 마치기도 했고 개인적으로도 어려운 상황이 있었던 때라 몸도 마음도 지친 상태였다.

잠자리에 들기 전 기도를 드리고 잠시 앉아 있는데 음성이 들려왔다.

"네 민족을 사랑하여라."

작고 미세했지만 명징한 소리였다. 나는 어쩌면 이것이 성령님의 음성일지도 모른다는 생각이 들었다. 나는 곧 자세를 고쳐 앉고 음성에 귀를 기울였다.

짧고 간결한 말씀이었지만 성령님은 당신의 뜻을 내가 깨닫게 하셨다. 그것은 '하나님이 우리 민족을 사랑하고 계신다. 그러니 우리도 그러해야 하며 흩어져 있는 한민족을 모아 위로하라'는 말씀이셨다.

그러나 음성을 듣는 내내 나는 마음이 불편하였다. 이미 지칠대로 지친 나의 몸과 마음은 하나님의 또 다른 명령에 더 이상 따라

갈 수 없을 것 같았기 때문이었다. 그래서 나는 쉽사리 순종하지 못했다. 그랬더니 성령의 음성은 사라졌고 나는 내심 안도감을 느끼며 잠이 들었다.

다음날 다시 잠자리에 들기 전이었다. 전날과 비슷한 무렵이었다. 또다시 성령의 음성이 들려왔다. 이번엔 더 구체적이고 명확한 음성이었다.

성령님은 전 세계에 흩어져 살고 있는 한민족을 언급하시며 하나님이 그 한민족을 사랑하고 계신다는 말씀을 하셨다. 그리곤 그들의 이야기에 귀를 열고 그들의 손을 잡아주고 그들을 한국에 데려와 지친 어깨를 안아주라는 말씀을 하셨다.

순간 또다시 거부하는 마음과 함께, 그 일을 하지 못하는 이유가 수십 가지도 넘게 떠올랐다. '그동안 많은 일들을 해왔는데 왜 하필 나에게 또…' 나도 모르게 이런 푸념이 나왔다. 하지만 하나님은 좀 더 분명한 음성으로 말씀하셨다.

"그런 것이 아니다. 미전도종족도 좋지만 너는 먼저 네 민족을 사랑하거라."

그리곤 구체적으로 세 가지 명령을 내리셨다.

첫째, 해외 동포들과 국내 연고지가 없는 네 동포들을 초청해 자매결연을 맺어주고 그들을 위로하라.

둘째, 선교지에서 태어나 그곳의 언어에 능통하고 문화와 풍습과 습관에도 이미 익숙하여 현지 선교에 아무런 제약이 없는 한민족 후예를 불러 훈련시키고 그들로 하여금 현지 선교사로 삼으라.

셋째, 그들에게 한민족의 자긍심을 심어주고 민족의 정체성을 깨워주어라. 이것이 반복되면 네 민족이 튼튼하여지고 그들이 자기

민족을 사랑하게 될 것이다.

그 순간 이사야 40장 1절의 "너희는 위로하라 내 백성을 위로하라"라는 말씀이 또렷이 각인되면서 성령님의 음성에 100% 설득되었다. 구체적 명령 앞에서는 더 이상 저항할 것이 아니라 무조건 순종해야 함을 알았다. 한 번도 생각해보지 못했던 일이었기에 막막했지만 한편으론 마음이 뜨거워졌다. 지금까지 그래왔듯 분명히 하나님의 뜻이니 일하시는 분도 하나님이 되실 것을 믿었기 때문이다.

명징한 음성 가운데 부르심을 받고 난 뒤 모든 관심은 한민족을 향했다. 흩어져 있는 한민족의 역사도 찾아보고 알아가던 중 나도 모르는 사이 입술에선 '디아스포라'라는 말을 하고 있었다.

디아스포라(Diaspora)! 그랬다. 이스라엘 민족이 오랜 세월 세계 만방으로 흩어져 디아스포라의 삶을 살아왔던 것처럼 우리 민족의 흩어짐의 역사 역시 세계만방 곳곳에 흩어져서 뿌리를 내린 역사였다. '흩어진 자'라는 의미를 지닌 디아스포라가 유대인에게만 해당하는 것이 아닌 우리 한민족 역시 디아스포라의 삶이었음을 알게 된 것이다.

놀랍게도 우리 한민족 가운데 720만 명 이상이 세계 곳곳에 흩어져 살아가고 있다(2014년 외교부발표자료, 181개국 718만 4872명의 재외동포 거주). 단일민족 운운하며 좁은 땅 안에서 살고 있다고 생각하고 있지만 이미 오래전부터 많은 디아스포라들이 세계 각국에 흩어져 살고 있었던 것이다. 하나님께선 이러한 깨달음을 지극히 작은 사람인 나에게 각인시키며 민족을 위로하길 원하셨던 것이다. 그리고 그 이후 그 명령에 순종하여 지금까지 우리 민족들과 만나 그들을 위로하고 하나님의 뜻과 계획을 전하는 일을 해오게 하셨다.

하나님은 여러 민족들 중에 드라마틱한 민족을 사랑하신다. 아니, 아마 하나님은 당신이 사랑하는 민족을 드라마틱하게 사용하신다는 표현이 더 맞을 것이다.

하나님이 처음 선택하신 이스라엘 민족, 그들은 작고 힘없는 민족이었다. 역사의 소용돌이 속에서 끊임없이 나뉘고 이동하며 흩어지면서 자신의 땅을 벗어나 이방에서 거주하기도 했고, 또 그곳에서 나와 원래의 땅으로 돌아가는 과정은 회귀의 역사요 나아가 아픔과 상처 회복의 역사이기도 했다.

이러한 수난과 역경 가운데에서도 이스라엘 민족이 오늘에 이를 수 있었던 것은 전적인 하나님의 뜻과 섭리가 있었기 때문이다. 그래서 이스라엘 민족의 지나온 시간을 들여다보면 생사화복, 희로애락, 하나님의 스토리가 가득 담겨 있다.

그러나 하나님의 초점은 이스라엘 민족에만 고정되어 있지 않았다. 세상의 많은 민족들 가운데 이스라엘 민족과 같이 작고 힘없는 동양의 우리 한민족에 대해서도 하나님은 관심을 두셨다. 나는 그렇게 확신한다. 한반도의 휘몰아치듯 변화하는 정세 속에 놓여있던 반만년의 역사를 지닌 민족은 끊임없는 외세의 침략과, 나뉨과 분열, 빼앗김과 회복 속에서도 잡초같은 생명력을 지닌 우리 민족이다.

130여 년 전, 아니 그 이전부터 이 땅에 복음이 들어오게 하심으로 황무지를 말씀으로 개간하셨고 민족의 흩어짐을 통해 복음의 증거자가 되게 하셨을 뿐 아니라, 이제는 또 다른 선교의 도구로 사용하시려는 하나님의 뜻은 이스라엘 민족을 사용하셨던 것과 맞닿아 있다. 어떻게 보면 이스라엘 민족이 흩어진 기간보다는 짧지만, 더욱 혹독했고 치열했던 한민족의 삶의 면면 속에 수많은 히스토리와 스토리를 남기게 하셨다. 그 역사와 이야기 속엔 디아스포라들의 고단함과 외로움, 그리움과 애환이 녹아 있다.

이러한 디아스포라들의 삶에 눈뜨게 하신 하나님은 '횃불한민족 디아스포라세계선교대회'를 2011년 처음 시작하게 하셨다. 이 대회를 시작하기에 앞서 하나님은 또 한 번 이 대회에 대해 확신할 수 있는 계기를 주셨는데, 그것은 멕시코 칸쿤에서 열린 남미선교대회에서였다. 당시 세계선교대회를 계획하고 있으면서도 내게는 과연 이 대회를 통해 흩어진 디아스포라를 모을 수 있을까 하는 두려운 마음이 있었다. 하나님은 그 마음을 아셨고 남미에 사는 한민족을 위한 선교대회를 소규모로 열게 하셨다. 그리고 그곳에서 새로운 경험을 할 수 있었다.

당시 남미 한민족 대회의 사회를 맡은 친구는 멕시코 이민 2세였다. 한민족 디아스포라다. 그런데 그 친구가 아주 유창하게 한국어와 영어, 스페인어, 포르투갈어까지 구사하며 대회를 진행하는 것이었다. 언어의 벽을 넘어 대회를 진행하는 것을 보니 놀람을 넘어 감동이었다.
이야기를 들어보니 1980년대 아버지께서 사업차 남미로 이민을 가게 되면서 한인 2세가 된 것이었다. 멕시코대학에 재학 중이라는 그 친구를 보면서 나는 확신이 들었다. 한국인이면서 자신이 태어난 현지의 언어에 능통하고 현지 문화와 습관에 익숙한 한민족이 하나님의 말씀으로 훈련받는다면 정말 훌륭한 현지 선교사로 세워질 수 있다는 확신이었다.

남미선교대회를 통해 더 이상 대회에 대한 두려움을 품지 않았다. 이 모든 일의 기획부터 진행 모두를 하나님이 하실 것이라는 기대감이 생겼다. 그리고 하나님은 횃불한민족디아스포라세계선교대회를 통해 역사를 이뤄가셨다. 여러 나라로 이주해 살면서 잊은 것 같지만 결코 잊을 수 없는 조국을 향한 애착과 한민족이라는 자긍심을 회복시키는 동시에 선교사적 사명을 깨닫게 되는 장을 만드신 것이다.

곳곳에서 모인 디아스포라와의 만남을 통해 나는 참 많이 아파했고, 사랑했고, 도전 받았다. 그들의 역사는 곧 한국의 역사와 그 궤적을 같이 하기에 아무리 시대가 지나고 살아온 환경이 다르다 하더라도 이질감이 느껴지지 않았다.

한민족으로서의 동질감을 다시금 확인시켜주셨고 새로운 사명과 나아가야 할 바를 제시해 준 하나님의 우리 민족을 향한 사랑에 무한한 감사와 은혜와 영광을 돌린다.

두 권의 책 『한민족 디아스포라(Story of Diaspora)』와 『한민족 디아스포라 행전(History of Diaspora)』은 흩어진 한민족의 삶의 이야기요, 역사다. 이 속에는 한민족의 흩어짐을 통해 겪은 애타는 사연들과 놀라운 계획, 하나님의 음성에 따라 걸어간 한민족의 발자취, 역사 속에서 끊임없이 개입하고 주관하셨던 하나님의 인도와 예비하심이 녹아 있다.

먼저 『한민족 디아스포라(Story of Diaspora)』는 우리 민족의 드라마틱한 이민사 스토리를 담은 책이다. 우리 민족이 흩어지기 전 복음의 씨앗을 이 땅에 가지고 들어온 서양 선교사들의 스토리, 가난과 핍박을 피해 고국을 떠날 수밖에 없었던 이주민들의 슬픈 스토리, 질경이 같은 삶을 살아낸 인내의 스토리 등이 담겨 있다. 무엇보다 그 속에서 복음을 지켜내고 계승하여 오늘날 디아스포라 선교사로 부름받기까지 믿음을 지켜낸 스토리가 담겨 있다. 다양한 이야기들을 통해 한국을 향한 하나님의 역사하심과 인도하심이 전달될 것을 바란다.

다음으로 『한민족 디아스포라 행전(History of Diaspora)』은 역사로 읽는 디아스포라 이야기다. History는 어원적으로 His(하나님의)-Story(이야기)이다. 디아스포라의 역사 이야기인 동시에, 하나님의 역사하심에 대한 이야기이기도 하다.

두 번째 책을 통해서 나는 디아스포라의 성경적 의미를 짚어보는 동시에, 우리 민족의 흩어짐의 역사를 살펴보고, 전 세계로 흩어지게 된 경로와, 복음의 전파 과정, 나아가 21세기 선교사로 쓰임 받을 디아스포라의 새로운 비전을 알아보고자 했다.

바라기는, 이 두 권의 책을 통해 한민족 디아스포라에 대해 새로운 시각을 가졌으면 한다. 그저 역사의 한 페이지로만 지나쳤던 이주사, 과거에 머물러 있는 동포가 아닌 지금 우리와 함께 숨 쉬고 살아가며 살아가야 할 동포요 복음의 동역자로 받아들여지길 바란다. 흩어져 있는 동포들에 대한 관점이 옮겨질 때 하나님께서 우리 민족을 한없이 사랑하셨고 사랑하실 거라는 믿음이 더욱 커질 것이다.

　나는 신학자도 목회자도 아니다. 오히려 평범한 신앙인에 불과하기에 디아스포라선교대회에 대한 명령을 받았을 때처럼 이 책을 준비하면서 부족함에 머리를 조아려야 했다. 하지만 이 역시 하나님의 뜻이었기에 여러 날 준비 끝에 책을 내게 되었다.

　신학적 배경이나 역사적 배경이 바탕이 되는 만큼 디아스포라 분야의 저명한 인사들의 저서나 글을 많이 참고하였다. 부족하지만 한민족 디아스포라에 대해 아는 것을 최대한 나누려는 거룩한 욕심으로 받아들여 주길 바라며 양해를 구하고, 최대한 출전을 자세히 밝히는 것으로 감사한 마음을 대신한다.

　이 두 권의 책을 쓰는 데는 고수정 작가와 임형욱 작가의 도움을 받았다. 내가 구술한 원고를 글로 옮기거나, 초고로 완성된 원고를 좀더 매끄럽게 다듬는 데 많은 도움을 주었다. 감사한 마음을 전한다.

　두 권의 책이 나오기까지 모든 과정에 함께 하신 하나님께 영광을 돌린다. 또한 세계 곳곳에 흩어져 있는 한민족 디아스포라, 우리 믿음의 동역자들과도 기쁨을 나누고 싶다.

　오직 하나님의 영광을 위해!!

| 목 차 |

제1장
흩으심을 통한 하나님의 뜻

프롤로그
주님이 찾으시는 진정한 디아스포라로
살기를 소망하며
―중국동포 안문희

　말로만 듣던 나라, 나와 같은 민족이 살고 있는 한국에 처음 발을 딛고 섰다. '디아스포라'의 의미도 잘 모른 채 초청을 받아 횃불한민족디아스포라선교대회에 참석을 하게 된 것이다. 나는 중국의 조선족으로 태어나 이십 몇 년 간을 중국에서 생활하였다. 그동안 '나는 누구인가, 나의 정체성은 도대체 무엇인가'에 대한 의문을 가졌던 것은 분명하다. '조선족'의 정체는 무엇이며, 같은 민족이지만 서로 다른 나라에 살고 있는 이유는 무엇인지에 대해 나는 늘 궁금해 하고 있었다.

　그러던 중 선교대회를 참석하게 되었고, 가슴을 답답하게 했던 일들에 대해 알게 되었다. 하나의 민족을 흩으시는 주권을 가진 하나님은 반드시 그 흩으심을 통해 당신의 선하신 뜻을 세우신다는 것이었다. 무엇보다, 마지막 세대에 당신이 흩으신 자들을 선택하여 구원의 통로로 세우셨다는 사실이 참으로 놀랍다. 온 세계, 온 나라, 온 민족에 하나님의 복음이 전해지는 하늘의 일에 동참시키시기 위하여 우리 한민족을 흩으신 것은 하나님의 섭리요, 주권이요, 또한 은혜라는 사실을 뒤늦게나마 깨닫게 되자 기쁨이 몰려왔다.

횃불한민족디아스포라선교대회는 한민족의 자긍심을 심어주고 민족의 정체성을 깨워주라고 하신 하나님의 마음이며, 그 하나님의 마음을 눈과 가슴으로 보고, 주님의 크고 아름다운 뜻 안에서 위로 받으며, 이제는 수난과 고통의 역사가 아닌, 하나님이 예비하신 구속사를 확인하는 시간이었다. 한민족의 역사가 하나님 안에서 새롭게 쓰일 것을 확신하게 하시니 기쁘고 설레는 마음뿐이다.

하나님은 인류 역사를 통해 끊임없이 사람들을 흩으시고 또 모으셨다. 이민자들이 자발적으로 그 험난한 길을 택한 것이 아니었으며, 바로 그들의 발길 위에는 하나님의 섭리가 늘 함께 했던 것이다. 아픔과 고통 가운데 흩어졌지만 그 흩어진 역사의 중심에는 열방을 향한 구속하시려는 하나님의 목적이 분명하게 계셨다.

예루살렘교회의 성도들이 핍박을 받아 유다와 사마리아 모든 땅으로 흩어졌을 때 사도행전 8장 4절에서는 이렇게 선포하고 있다.

"그 흩어진 사람들이 두루 다니며 복음의 말씀을 전할새"

우리는 주님 손 안의 씨앗, 주님 안에 있는 생명이다. 주님께서 그 씨앗들을 흩으사 주님의 생명으로 살게 하셨고, 그 생명이 또 다른 생명을 낳게 하시는 것이다. 예수 그리스도께서 이 땅에 오신 것이 이 땅의 영혼들을 구하기 위한 것이었던 것처럼, 바로 예수 그리스도의 대속으로 구원받아 오늘날까지 숨 쉬고 있는 나에게도 주님의 구원의 역사의 한 도구로서 그 생명을 전파하는 사명이 심겨져 있음을 확신한다.

선교대회를 통해 나는 내게 주어진 사명을 확인했다. 중국어와 중국 문화에 익숙한 내가 할 수 있는 일, 그것은 내가 디아스포라이기 때문에 가진 언어 문화적 배경을 통해 중국 문화권 민족에게 복음을 전하는 선교사가 되는 것이었다.

언어, 이것은 선교사에게 무척 중요하다. 나는 초등학교에 다닐 때부터 중국어 수업을 필수과정으로 하면서 중국어는 모국어같이 배웠다. 나는 중국어를 배우는 것이 재밌었고 빨리 익혔다. 중학교와 고등학교에서도 중국어는 늘 중상위급으로 실력을 유지해왔던 것 같다.

대학입시를 치르고 얼마 뒤 장춘에 있는 한 대학교에 진학한 뒤, 장춘 땅에서 만나 믿음을 굳히게 된 교회는 바로 한족과 조선족이 같이 섞여 있는 공동체였다. 중국어 예배와 조선족 예배로 나뉘어 예배를 드리는 교회였는데, 그곳에서 나는 하나님을 깊이 체험했고, 대학을 졸업하는 해에는 부르심을 받고 신학교 입학까지 결정하게 되었다.

신학교 입학을 위해 준비하며 섬기고 있는 동안 수차례 통역 담당을 했다. 그간 언어 분야에서 쌓은 실력을 발휘할 기회가 온 것이다. 목회자분들께서 초청되셔서 한족 성도들을 상대로 성경공부나 세미나강의를 하실 때에는 한국어를 중국어로 통역하여 그들에게 메시지를 전달해 주었다. 완벽하진 않지만 나의 입술을 통해 전달되는 메시지가 그들에게 은혜가 되고, 하나님의 살아있는 말씀으로 그들의 가슴에서 움직이는 역사가 될 때 통로가 되어 사용 받은 나로서는 벅차오르는 감동을 말로 표현할 수가 없었다. 중국에서 조선족으로 태어나게 된 데에 대해 가장 감사하는 순간이었다. 그 나라의 언어를 익히게 하시고 그 민족과 어울리게 하셔서 구원의 통로, 축복의 통로로 세움 받은 사실을 온 몸과 맘으로 알 수 있는 환희와 감격의 시간이었다.

중국은 다민족국가이다. 조선족은 많은 소수민족 중의 한 민족으로서 중국에 살고 있다. 선교대회를 통하여 중국에서 태어난 디아스포라로서 이 땅에 태어나게 하신 하나님의 크신 주권을 인정하게 하시고, 또 하나님의 선하시고 기쁘신 뜻을 보게 하심으로 중국인들을 향한 선교사역을 감당하게 하시니, 이 한없이 작고 연약한 자는 그저 머리가 숙여질 뿐이다.

주님 오실 길을 예비하는 자로 세움 받아 늘 주님의 완전하시고 온전하신 뜻이 무엇인지 구하며 사는, 이 시대에 주님 찾으시는 진정한 디아스포라로 살기를 소망한다.
"일어나라 빛을 발하라 이는 네 빛이 이르렀고 여호와의 영광이 네 위에 임하였음이니라" (이사야 60:1)

제1장(Chap.1)

흩으심을 통한 하나님의 뜻

성경은 디아스포라의 책이다.
하나님은 세상을 향한 계획과 뜻을 실현하시기 위해
민족을 흩으셨고 흩어진 민족을 통해 뜻을 펼쳐나갔다.
그 흩으심 속에 복음이 전해졌고 민족은 견고해졌다.
말씀 속에 진리가 있다.
민족의 역사와 복음의 진실이 있다.

성경은 흩어짐의 기록이다

성경은 하나님의 말씀이다. 그 말씀 속에 하나님의 명령과 뜻이 실현되고 있는데, 그 과정들을 살펴보면 이스라엘 민족을 흩으셨던 기록과 함께하고 있다. 그 흩으심의 역사가 언뜻 볼 때는 복잡하고 어수선해 보일 수도 있지만, 그 사건들을 통해 분명한 하나님의 뜻이 실현되고 있다. 그것은 복음이 전해지는 과정을 보면 알 수 있다.

유럽에서 일어났던 기독교의 부흥이 아시아로 확산되고, 그것이 다른 미전도종족에게 전파되고 있다. 하나님의 사람들이 움직일 때 복음이 함께 나아가기 때문이다. 특히 **지금의** 세계는 상호교류 관계 속에서 활발하게 움직이고 있다. 활발한 이주와 함께 사람들이 움직이고 있고, 복음도 그들과 함께 나아가고 있다.

그래서 성경을 '흩어진 자들의 책', 즉 '디아스포라의 책'이라고도 한다. '디아스포라'라는 말은 성경에서 근원을 찾을 수 있다. 디아스포라는 이민자, 전쟁의 포로, 계시 등의 의미로 사용되었다. [1]디아스포라(διασπορα)라는 말은 헬라어로, 디아(찢어지다, apart)와 스페레인(씨앗, 뿌리다, 흩어 버리다, to sow, scatter)의 합성어이다. 기원전 5세기부터 헤로도투스와 같은 학자들이 사용하다가 알렉산드리아에서 발간된 70인 번역본에 이 말이 사용되었다.

2)성경에서 디아스포라라는 단어를 사용할 때는 '흩어짐' 또는 '포로 됨'의 의미로 사용된다. 어떤 때는 민족을 흩으실 때 사용되고, 이스라엘 민족이 포로 되었을 때도 디아스포라는 단어로 표현한다. 즉 흩으심과 포로됨, 모두 디아스포라 현상을 보여주는 표현이 된 셈이다. 구약에서 디아스포라 현상은 이스라엘 민족의 불순종에 대한 벌의 의미로 나타나는 경우가 많다. 물론 아브라함이나 요셉과 같이 민족의 구원을 위한 디아스포라 현상도 다수 드러나고 있다.

> "내가 너희를 여러 민족 중에 흩을 것이요 내가 칼을 빼어 너희를 따르게 하리니 너희의 땅이 황무하며 너희의 성읍이 황폐하리라" (레위기 26:33)

> "여호와께서 너를 땅 이 끝에서 저 끝까지 만민 중에 흩으시리니 네가 그 곳에서 너와 네 조상들이 알지 못하던 목석 우상을 섬길 것이라" (신명기 28:64)

이렇듯 하나님이 이스라엘 민족을 흩으신 이유가 처벌의 형태인 경우가 있다. 이스라엘의 세 번째 왕 솔로몬이 성전 봉헌기도를 드렸을 때에도 하나님은 죄에 대한 벌로써 흩으시겠다는 뜻을 보이셨다. 흩으심은 하나님의 단죄에 대한 적극적 선포였다.

구약성경 예레미야 9장 16절을 보면(그들과 그들의 조상이 알지 못하던 여러 나라 가운데에 그들을 흩어버리고 진멸되기까지 그 뒤로 칼을 보내리라 하셨느니라) 하나님을 향한 이스라엘의 불순종 때문에 조상들도 알지 못하는 곳으로 흩어버리실 것을 경고하셨다. 하지만 하나님의 단죄로 흩어짐을 당했을지라도 이스라엘 민족은 하나님께서 인도하신 땅에서 번영하는 삶을 살았다. 낯선 이방 땅에서 그곳을 정복했거나, 때론 포로가 되어 살았어도 하나님의 은혜가 떠나지 않았다. 이런 사실은 흩어짐이 의미하는 바가 선택한 민족을 버리신 게 아니라 단련시키신 것임을 보여준다. 표면적으로만 봤을 때 죄를 받고 죄 값으로 뿔뿔이 흩어졌다고 생각할 수 있으나, 실제로는 하나님의 은혜였음을 알 수 있다. 그러므로 포로 됨과 흩어짐 모두 하나님의 은혜인 것이다.

"범죄하지 아니하는 사람이 없사오니 그들이 주께 범죄함으로써 주께서 그들에게 진노하사 그들을 적국에게 넘기시매 적국이 그들을 사로잡아 원근을 막론하고 적국의 땅으로 끌어간 후에 그들이 사로잡혀 간 땅에서 스스로 깨닫고 그 사로잡은 자의 땅에서 돌이켜 주께 간구하기를 우리가 범죄하여 패역을 행하며 악을 지었나이다 하매 자기를 사로잡아간 적국의 땅에서 온 마음과 온 뜻으로 주께 돌아와서 주께서 그들의 조상들에게 주신 땅 곧 주께서 택하신 성읍과 내가 주의 이름을 위하여 건축한 성전 있는 쪽을 향하여 주께 기도하거든 주는 계신 곳 하늘에서 그들의 기도와 간구를 들으시고 그들의 일을 돌아보시며 주께 범죄한 백성을 용서하시며 주께 범한 그 모든 허물을 사하시고 그들을 사로잡아 간 자 앞에서 그들로 불쌍히 여김을 얻게 하사 그 사람들로 그들을 불쌍히 여기게 하옵소서"(열왕기상 8:46-50)

이 [3]성전봉헌 기도에 나와 있듯 하나님은 죄에 대한 벌로 흩으시지만 그곳에서 스스로 깨닫고 회개하게 한 뒤 긍휼을 베푸시겠다고 하신다. 다시 말해 디아스포라를 만드시지만 그 속에서 반드시 돌이키시고 은혜를 주시겠다는 것이다.

그렇기 때문에 성경에 나타나는 하나님의 흩으심은 은혜의 역사다. 하나님께서는 이스라엘 백성을 인도하신 땅에서 온전한 하나님의 백성으로 살기 원하셨다. 그들을 통해 하나님의 백성의 참 모습을 많은 사람들이 보길 원하셨던 것이다. 그래서 흩으심은 이스라엘을 위해 계획해 놓으신 미래의 축복이었으며, 포로 된 유대인들에 의해 하나님의 약속들은 성취되었다.

디아스포라는 하나님께 선택받은 자들로서, 비록 이방으로 흩어졌지만 그곳의 삶을 개척해 나가고 정의를 실행해야 했다. '마음에 할례를 받았다'는 표현으로 하나님 명령에 순종할 것을 맹세했고, 그렇게 행했다. 그런 삶을 통해 이방의 사회윤리의 기반이 된 것이다.

이렇듯 디아스포라의 정체성과 소명, 사회적 윤리는 모든 그리스도인들에게 삶 중심의 선교를 할 것을 보여준다. 예레미야 선지자가 포로로 잡혀간 민족들을 통해 어떻게 행하여야 할지를 말해주고 있는 것처럼 말이다.

"너희는 내가 사로잡혀 가게 한 그 성읍의 평안을 구하고 그를 위하여 여호와께 기도하라 이는 그 성읍이 평안함으로 너희도 평안할 것임이라" (예레미야 29:7)

이 말씀 속에 하나님은 디아스포라가 어떻게 살아야 하는지, 어떤 소명을 안고 기도해야 할지 나타내주고 계신다.

'내가 사로잡혀 가게 한'은 디아스포라가 되게 한 주체가 하나님이시라는 것을 분명히 한다. '성읍의 평안을 구하고 그를 위하여 기도하라'는 말씀은 이방인을 위해 기도해야 하는 그리스도인의 의무를 말씀하신다. 또한 '성읍이 평안함으로 너희도 평안할 것'이라 말씀하시면서 하나님의 백성은 자신이 살고 있는 땅의 평안을 도모하는 자로서 살아야 하는 것임을 보여준다. 온전한 하나님의 백성으로 살 때, 그들이 머무는 땅에 평안을 하나님이 선물로 주실 것이라는 것이다. 그러므로 하나님의 백성은 하나님의 귀한 축복을 받아 누리고 그 땅의 중보자로 살 때 그들로 인해 그 땅이 평안을 누리게 되는 은혜가 있을 것이라는 것이다.

이렇듯 디아스포라는 다른 민족을 사랑하며 복음이 땅 끝까지 전해지길 원하시는 하나님의 뜻을 이루시는 도구이다. 이방인으로서 겪는 디아스포라의 고난은 결국 모두가 평안함을 누리게 될 축복의 과정이기 때문이다. 그러므로 흩어진 자들의 삶은 자연스레 선교와도 연결된다고 할 수 있다.

그런 의미에서 성경 속 디아스포라는, 흩으시는 것으로 끝나는 것이 아닌, 흩어진 이들로 하여금 또 다른 씨앗을 뿌려 열매를 거두시려는 하나님의 속뜻이 담겨 있는 은혜의 선물이다.

신구약 속에 나타난 디아스포라

'디아스포라' 하면 우리는 이스라엘 민족 즉, 유대인을 먼저 떠올린다. 실제로 디아스포라는 유대인들과 밀접하게 연관되어 사용되어 왔다. 그래서 구약을 보면 이스라엘 민족은 흩어진 자들로, 때론 포로 된 자들로 생활하면서 디아스포라의 삶을 보여주고 있다. 한마디로, 이스라엘 민족은 디아스포라를 이해하는 좋은 모델이 되고 있다.

그럼에도 불구하고, 디아스포라를 연구한 학자들마다 디아스포라에 대한 정의는 조금씩 다르다. 어떤 학자의 말이 가장 옳다고 할 수 없기에 모두 참고하는 것이 좋겠다.

먼저 [4]로빈 코헨(Robin Cohen)은 디아스포라에 대해 이렇게 정의했다.
'자신이 태어난 고향을 떠나 타지에 살며, 언어 종교 관습 또는 민족과 같은 연결고리를 유지하는 공동체.'
그런데 이 정의를 보면 태어난 고향을 떠나 살게 된 타지의 범위가 어디인지 한계가 없다. 예를 들어, 출생지인 서울을 떠나 제주에 사는 서울 사람들의 공동체도 디아스포라라 할 수 있다는 말이 된다. 조금 좁은 의미의 정의라 하겠다.

[5]샘 조지(Sam George)는 이런 정의를 내렸다.
'그들이 현재 거주하는 지역 이외의 곳으로부터 이주했으며, 그들의 사회적 경제적 정치적 네트워크는 국가의 경계를 가로지르며 전 세계에 미치는 특정 집단의 사람들.'

더 구체적이면서도 넓은 의미로 디아스포라를 정의했다고 볼 수 있는데, 샘 조지의 경우 네트워크를 강조하고 있다. 그의 정의에 잘 맞는 공동체로는, 디아스포라의 네트워크를 잘 형성해서 전 세계적으로 영향을 끼치고 있는 유대인 디아스포라를 떠올릴 수 있다. 뿔뿔이 흩어진 민족이라도 곳곳에 공동체를 형성하고 있지 않은가.

디아스포라에 대한 연구를 가장 많이 했다고 알려진 6)윌리엄 샤프란(William Safran)은 디아스포라에 대해 이런 정의를 내렸다.
'언어나 종교 가치관 사회규범 고향에 대한 이야기를 포함하는 일련의 제도나 사회적 경향, 그들을 단결시키는 인종 민족적 종교적 신조.'
언어나 종교적 가치관 고향에 대해 공감대가 형성된 공동체를 디아스포라라고 정의했는데, 이 정의 역시 유대인들이 그 본을 잘 보여주고 있다. 이스라엘 민족은 하나님의 계획에 따라 흩어졌지만 흩어진 곳에서 인종 민족적 종교적 신조를 함께 나누며 명령을 행했다.

학자마다 정의하는 바가 조금씩 다르고 차이가 있기 때문에 어떤 것이 맞다고 할 수 없으나 한민족 디아스포라의 역사적 특징이나 흐름을 볼 때 샘 조지나 샤프란이 정의한 쪽이 좀 더 가깝지 않을까 생각한다.

디아스포라를 연구하는 학자들은 디아스포라 집단이 지닌 독특성도 발견했다. 성경 특히 구약 성경에서 보여준 유대인 디아스포라를 통해 가장 잘 나타나 있다고 하는데, 그들이 연구한 디아스포라의 7)독특한 특성 중 몇 가지를 소개한다.

먼저, 디아스포라는 공통된 지역이나 국가에서 유래가 되었다는 것이다.

디아스포라의 대표가 되는 유대인을 보면 알 수 있다. 하나님은 이스라엘 민족을 선택하셨다. 그들은 선택받은 민족이라는 선민사상이 있었고, 그 선민사상을 바탕으로 흩으심에도 순종하며 나아갈 수 있었다. 민족의 뿌리가 같은 상태에서 흩어질 수 있었기에 결속할 수 있었던 것이다. 그런 면에서 유대인 디아스포라와 함께 한민족 디아스포라도 그런 점에서 매우 비슷하다 할 수 있다.

디아스포라가 지닌 또 다른 독특한 점은 그들이 흩어져 공동체를 이루게 된 동기가 분명하다는 것이다.

하나님이 이스라엘 민족을 흩어지게 하신 이유는 분명했다. 앞서 살펴본 바와 같이 민족의 죄에 대한 처벌로 고난의 흩으심을 행하셨다. 하지만 그 이면엔 이방을 위해 기도하는 선교적 사명의 이유가 있었다.

또한 약속의 땅 가나안에 들어가게 하신 뒤에 또 한 번 민족을 흩으셨다. 그때는 생명유지를 위해 가나안을 떠나 이집트로 향하게 하신 것이다. 생존의 이유, 확실한 동기가 있으셨다. 이 역시 한민족 디아스포라가 가진 특징이다.

우리나라의 이민역사를 보면 흩어지게 된 배경이 명확하다. 전쟁이나 경제적인 이유 또는 강제적인 이주였다. 열방의 압박과 기근으로 고생하는 우리 민족이 땅을 일구며 살아갈 수 있도록 북쪽으로 이주의 길을 열어 놓으셨고, 일제치하의 고통에서 흩으시는 등 흩으심엔 분명한 이유가 있었던 것이다.

디아스포라가 가진 또 하나의 특별한 점은 강력하게 옹호하고 지지하는 세력의 존재에 따라 적응의 유무가 갈린다는 것이다.

이스라엘 민족이 이방의 포로가 되어 갔을 때도 그들은 그곳에서 서로 강한 유대감을 형성하며 살아남았다. 모세와 요셉, 야곱의 가족 모두 새 이민자를 받아들여 준 지지세력의 존재와 그곳에서 신앙을 지킴으로 적응해 나갈 수 있었다.

물론 그들이 주류사회와 갈등을 일으킬 수 있다. 생각지도 않게 강제노동에 동원될 수도 있고 주류사회와 부정적인 관계가 계속 이어질 수도 있다. 그것이 고통의 고리로 계속 이어질 수도 있다.

세계이민의 역사를 봐도 이런 일은 자주 일어난다. 이스라엘 민족이 애굽에서 노예생활 하면서 겪은 고통들이 그렇고, 2차 세계대전 당시 미국에 거주하던 일본 이민사회 구성원들은 귀화한 미국인이 되어 살고 있었음에도 불구하고 미국의 안보에 위협이 된다는 이유로 강제수용되기도 했다. 고려인 역시 일본인과 생김새가 비슷하다는 이유로 첩자가 될 것을 우려해 중앙아시아로 강제이주를 당해 모진 고통을 받았다. 디아스포라의 삶에 있어 이런 부정적인 부분은 분명히 있다.

그럼에도 디아스포라가 지닌 독특성 중 빼놓을 수 없는 것이 **이주생활을 함께 공유하며 그것을 계승하여 민족의 정체성을 굳게 한다는 것이다.**

20세기 초, 역사의 격변기를 겪으면서 아픈 이주의 역사를 갖게 된 우리 한민족, 그들의 온갖 고생과 고난은 곧 아픔이고 슬픔이었다. 간도에서 죽을 고생을 하며 살고 있지만, 저 멀리 하와이에서 고생하는 민족의 이야기에 더 가슴 아파하며, 마음은 멀리 있어도 정신은 하나로 통했다. 또한 차가운 시베리아 열차에 실려 강제로 이주되는 일은 이민자들의 결속을 다졌고 오히려 모국에 대한 강력한 애국심을 자극했다.

성경에 나타난 이스라엘 민족들 역시 그랬다. 하나님이 모세를 이스라엘의 지도자로 세우셨을 때 이스라엘 민족은 애굽의 노예로 포로 생활 중이었다. 강제노동은 더욱 고되었고 삶은 피폐해져 갔다. 이에 이스라엘 민족은 고국을 그리워했고 아브라함의 하나님, 이삭의 하나님, 야곱의 하나님께서 민족에게 약속하신 이상과 꿈을 상기했다. 모국에 대한 이상화된 추억을 간직하고 있었던 것이다. 그 가운데 민족의 정체성을 더 굳게 할 수 있었고 모세라는 지도자를 통해 출애굽의 길을 열어놓은 하나님을 좇아 약속의 땅에 이르게 되었다.

이처럼 디아스포라가 지닌 독특성은 세계 이민사, 특히 한민족 이민사에도 공통적으로 적용되고 있다. 역시 하나님의 진리는 때와 장소를 초월하여 영향을 미친다는 것을 알 수 있다.

이제 신약 시대로 가보자.
이스라엘이 멸망당한 후 유대인들의 디아스포라 역사가 시작되었다. 그들은 3차에 걸쳐 팔레스타인으로 귀환하여 성전을 완성하고 예루살렘 성벽을 재건한 뒤 다시 돌아가지 않았다. 여러 지역에 흩어져 살며 디아스포라 공동체를 형성하며 살았다. 그리고 예수님이 이 땅에 오셨을 때 그 흩어진 자들의 활약이 곳곳에서 보였다.

"이에 유대인들이 서로 묻되 이 사람이 어디로 가기에 우리가 그를 만나지 못하리요 헬라인 중에 흩어져 사는 자들에게로 가

서 헬라인을 가르칠 터인가" (요한복음 7:35)

요한복음에서 언급된 '이 사람'은 디아스포라 유대인을 직접 언급하고 있다. 그리고 사도행전에서도 흩어진 자들에 대한 언급이 나온다.

"그 때에 경건한 유대인들이 천하 각국으로부터 와서 예루살렘에 머물러 있더니" (사도행전 2:5)

이미 유대인들이 천하 각국으로 흩어져 살았다는 것을 알 수 있다. 그들의 삶은 성경을 통해 짐작할 수 있다. 디아스포라 유대인들은 가는 곳마다 회당을 세워 기도하고 율법을 가르쳤다. 그렇기 때문에 그들의 회당은 유대인들의 종교와 문화를 공유하고 향유하는 장이 되었다.

특히 흩어진 디아스포라들의 후손들에게 민족적, 신앙적 정체성을 유지하도록 도와주는 강력한 기관의 역할을 했다. 디아스포라를 통한 선교의 길은 이미 그렇게 예비되었던 것이다.

이런 회당이 복음을 전하는 통로가 되어야 할 것은 당연했다. 그것은 오순절에 예루살렘을 방문한 디아스포라 유대인들이 예수를 믿고 세례를 받은 후 제자가 되었다는 점에서 추측할 수 있는 일이다.

"그들이 이 말을 듣고 마음에 찔려 베드로와 다른 사도들에게 물어 이르되 형제들아 우리가 어찌할꼬 하거늘, 베드로가 이르되 너희가 회개하여 각각 예수 그리스도의 이름으로 세례를 받고 죄 사함을 받으라 그리하면 성경의 선물을 받으리니 이 약속

은 너희와 너희 자녀와 모든 먼 데 사람 곧 주 우리 하나님이 얼마든지 부르시는 자들에게 주신 것이라 하고 또 여러 말로 확증하며 권하여 이르되 너희가 이 패역한 세대에서 구원을 받으라 하니 그 말을 받은 사람들은 세례를 받으매 이 날에 신도의 수가 삼천이나 더하더라" (사도행전 2:37-41)

이들은 자신의 고향인 예루살렘을 방문한 뒤 예수 그리스도의 제자가 되었다. 그들 중엔 로마로부터 온 디아스포라 유대인들이 있었는데, 그들이 예수를 영접한 뒤 로마로 돌아갔다. 그리고 그곳에서 교회를 세웠음을 짐작할 수 있다.

그 대표적인 예가 로마교회다.

로마교회는 사도 바울이나 베드로와 같은 사도가 세운 교회가 아니다. 로마 제국의 수도에 있는 디아스포라들이 교회를 세운 것이다. 이것을 통해 하나님께서 디아스포라를 통한 선교가 얼마나 강력한지 보여주고 계시다는 것을 알 수 있다.

놀랍게도 이러한 역사는 한민족 디아스포라의 삶과 닮아있다. 여러 이유로 인해 곳곳에 흩어진 한민족 디아스포라들이 가장 먼저 한 일은 그 땅에 교회를 세우는 일이었다. 또는 조국으로 돌아와 말씀을 배우고 훈련받은 뒤 거주하는 곳으로 돌아가 교회를 세우고, 일터에서 선교사로 사는 삶을 통해 디아스포라 선교의 열매가 되었다.

8)하나님은 신약시대에 이르러 디아스포라 선교에 대해 더욱 구체적인 내용을 보이셨다. 디아스포라 유대인 사도 바울의 선교 사역의 걸음을 따라가다 보면 알 수 있다. 그는 전도여행을 통해 각

주요도시를 방문하면서 습관적으로 회당을 방문했다. 바시디아, 안디옥, 이고니온, 데살로니가, 베레아, 에베소, 고린도 등 회당에서 유대인 디아스포라들과 만나며 그들을 가르쳤던 것이다.

바울은 곳곳을 다니며 디아스포라에게 복음을 전하며 이방도시에 교회를 세우고 반기독교 사회에서 어떻게 살지 권면을 하는 등 결국 선한 삶을 통해 복음을 전파하라고 권면했다. 유대인뿐 아니라 이방인에게도 복음을 전했기 때문에 복음이 땅 끝까지 전해지는 문을 열 수 있었다.

바울뿐 아니라 빌립, 베드로, 바나바 등도 이방인 선교에 앞장서며 디아스포라 선교의 가능성과 지평을 열었다.

신약은 흩어진 자들이 어떻게 선한 일을 하고 어떻게 제자로서 쓰임 받는 삶을 살아야 하는지 보여주고 있다. 그러므로 하나님께서 한민족 디아스포라를 세계 선교를 위해 귀하게 사용하실 것이라는 것도 알 수 있다.

초대교회가 그랬던 것처럼, 사도 바울이 그랬던 것처럼, 교단과 지역 배경 출신을 초월해 민족 공동체로서 하나님 나라의 백성과 하나 되는 선교는 하나님의 뜻이자 명령이다. 성경에서 분명히 증명이 되고 있다.

디아스포라의 첫 번째 본이 된 아브라함

성경엔 여러 디아스포라들의 삶이 녹아 있다. 하나님은 사람을 선택하시고 그들을 통해 뜻을 펼치시기 때문이다. 그래서 어느 신학자는 구약에 대해 이런 정의를 내렸다.

"구약 성경은 창조주 하나님이 열방을 구원하시려는 계획 가운데 이스라엘을 택하신 하나님의 사랑이야기다."

맞는 말이다. 하나님의 계획은 열방을 구원하시려는 본래의 계획을 세우고 그 일을 행하고 계신다.

구약의 이야기는 그 사역의 감당할 이들을 선별하고 사명을 주시고 실천하는 과정이었다. 그런 가운데 많은 이들이 선택받았다. 그들은 대부분 디아스포라로서 살았는데, 그 중에서도 [9]아브라함은 열방의 빛, 믿음의 조상이 되어 디아스포라의 사역을 잘 감당했던 인물이다.

그는 나그네로 살았다. 자기 스스로 '나그네요 거류하는 자'라고 말했던 것은, 그만큼 하나님 앞에 언제든 부름 받아 나설 수 있음을 표현한 순종의 표현이었다.

그런데 여기서 잠시, '나그네'라는 표현에 대해 알아볼 필요가 있다. 나그네는 '자기 고장을 떠나 다른 곳에 잠시 머물거나 떠도는 사람'인만큼, 그 단어에는 '한계'라는 이미지가 있다. 게다가 하나님이 최초의 인류로 창조하신 아담과 하와가 범죄하여 본 고향인 에덴동산에서 쫓겨나 인류 최초의 나그네가 됨으로 더 부정적 이미지를 갖게 되었다.

그 뒤에도 '나그네'는 성경에 계속 등장한다. 잘못된 제사를 드리고 동생을 질투한 나머지 살해했던 가인 역시 떠도는 자였다. 바벨탑을 쌓은 이들은 어땠는가. 하나님께 범죄한 그들은 온 지면으로 흩어짐을 받았고 모두 나그네로서의 삶을 살았다. 그러므로 나그네가 되었다는 것은 하나님의 뜻을 거스르고 반역했을 때 주어지는 징벌의 삶이었다.

그런데 그 관계도를 바꿔놓은 인물이 아브라함이다. 그는 자신의 아내 사라가 죽었을 때 매장지 막벨라굴을 구입할 때 그 곳에 거주하는 헷 족속에게 자신을 이렇게 소개한다.

"나는 당신들 중에 나그네요 거류하는 자라" (창세기 23:4)

자기 자신을 '나그네요 임시로 머무르는 사람'이라고 표현했지만, 그것은 범죄로 인한 징벌의 삶이 아니었다. 하나님이 그를 떠나게 하심으로 복의 근원으로 삼고자 하셨기에 그것은 하나님의 계획이었다. 아브라함의 삶은 더 이상 죄인의 삶이 아니었다.

권혁승 교수가 쓴 글을 보면, [10]아브라함이 자신을 소개할 때 사용한 '나그네'와 '거류하는 자'는 히브리어로 '게르'와 '토샤브'라고 한다. 이 단어들의 어원을 쫓아가보면, 이 두 단어 속에 '타지에서 유입되어 기존 주민들과 함께 생활하고 있는 새로운 이주민'을 의미한다고 한다.

나그네의 삶은 힘들고 차별을 견뎌야 하는 삶이었다. 고대 이스라엘 사회에서 이주민의 삶은 거주권만 허락될 뿐 토지매입과 재산권 행사는 금지되어 있었다. 고아와 과부와 함께 이주민이 최하류

빈민층에 속하게 된 이유도 그 때문이다.

그러니 처음에 아브라함도 마찬가지였다. 중심지에서 살지 못하고 외곽을 떠돌며 살아야 했는데 그는 다른 이주민들과는 달랐다. 당당했다. 하나님께서 그에게 주신 약속의 말씀을 철저히 믿고 의지했기 때문이다. 이 믿음 가운데는 세상을 창조하신 하나님에 대한 믿음, 그 하나님의 주권 하에 모든 소유와 권리가 나온다는 믿음이 있었던 것이다. 뭔가 달라도 확실히 다른 이주민이었음이 분명하다.

그런데 하나님께서 아브라함을 왜 디아스포라로 세우셨을까. 그는 평범한 사람이었다. 하나님은 그를 세워 하나님 나라가 확장될 것을 원하셨고, 아브라함을 비롯한 이삭 야곱 요셉에 이르러 이방 선교로 사용하실 계획이었다.

"여호와께서 아브람에게 이르시되 너는 너의 고향과 친척과 아버지의 집을 떠나 내가 네게 보여 줄 땅으로 가라 내가 너로 큰 민족을 이루고 네게 복을 주어 네 이름을 창대하게 하리니 너는 복이 될지라 너를 축복하는 자에게는 내가 복을 내리고 너를 저주하는 자에게는 내가 저주하리니 땅의 모든 족속이 너로 말미암아 복을 얻을 것이라 하신지라" (창세기 12:1-3).

아브라함이 고향과 집을 떠나게 되었던 것은 하나님의 목적을 위한 수단이었다. 그 목적은 알다시피 열방 선교에 대한 비전이었다. 하나님은 그를 다른 민족 가운데로 흩을 이유를 계속 만드셨다.

"그 땅이 그들이 동거하기에 넉넉하지 못하였으니 이는 그들의

소유가 많아서 동거할 수 없었음이니라" (창세기 13:6)

대표적으로 조카 롯과 갈라서게 된 이 대목만 봐도 하나님은 아브라함을 통해 이방 나라로 흩으실 계획을 가지고 계셨던 것이다.

이렇게 디아스포라가 된 아브라함은 이방 나라들에게 하나님의 존재를 알리는 역할을 했다. 먼저 바로 왕에게 하나님의 존재를 알렸다. 물론 그 과정에서 아내를 누이라 속이는 죄를 범하기도 했지만 바로 왕에게 하나님의 위대하심을 간접적으로 나타냈다.

죄악이 가득한 소돔 왕에게도 하나님의 존재를 알렸다. 아브라함은 하나님을 알지 못하는 소돔 왕에게 하나님의 이름으로 맹세하면서 하나님을 알렸고, 하나님의 사람으로서의 덕을 끼치면서 하나님을 소개했다. 소돔과 고모라를 위해 중보했고, 하나님과 세상 사이에 서서 화해를 중재했다.

그랄 왕 아비멜렉에게도 하나님을 전했다. 이때 아브라함이 아비멜렉에게 거짓말을 하여 아내를 빼앗겼지만 하나님의 존재를 알렸고, 그의 기도 능력으로 태가 닫힌 이들의 태를 열므로 치유하시는 하나님을 알렸다. 또한 그는 자기의 가족에게도 하나님을 전하는 일에 충실히 행동했다.

이렇듯 디아스포라 아브라함의 삶은 철저히 하나님의 뜻을 따르는, 선교에 맞춰진 삶이었다. 그렇다고 선교사의 의식을 가졌거나 불타는 사명감을 가진 건 아니었다. 평범한 삶을 살아가면서 삶의 현장에서 하나님의 존재를 알리는 생활선교를 했다.

이훈구 박사의 논문에 의하면, 이 족장시대의 흩어짐, 디아스포라의 삶을 살게 하신 하나님의 선교방법은 구심적 선교가 아닌 원심적 선교를 할 수 있도록 이방 나라에 여러 방법으로 파송하셨다고 표현한다. 또한 생활선교에 맞춰진 디아스포라의 삶을 조명하며 하나님의 명령과 부르심에 응답한 아브라함은 애굽, 블레셋, 소돔과 고모라, 메소포타미아까지 열방 선교를 함과 동시에 거주하는 곳의 주민들에게 하나님을 잘 섬겼던 것과 복 받는 모습을 통해 세계의 많은 디아스포라의 희망이 되었다는 것이다.

그렇다. 아브라함은 믿음의 조상임과 동시에 디아스포라들의 희망을 보여주었다. 늘 하나님과 함께 했고, 약속을 믿고 나아갔기에 디아스포라로서 당당함을 놓치지 않았다. 덕분에 헤브론 사람들도 그런 아브라함을 인정해주었다. 이주민이었지만 본토 사람들에게도 존경받는 인물이었음을 알 수 있다.

결국 이런 신뢰를 얻은 덕분에 훗날 막벨라굴을 매입할 수 있었으며, 머무른 그 땅에서 존경받고 인정받으며 믿음의 조상이 될 수 있었다. 그의 후손으로 오신 예수 그리스도를 통해 열방이 구원의 축복을 얻게 되었기 때문이다.

디아스포라의 첫 번째 본이 되었던 아브라함의 삶과 항로는 하나님의 명령에 순종하는 것이, 서 있는 곳이 축복이 되는 길이 된다는 것을 보여준 삶이다.

꿈꾸는 디아스포라, 요셉

디아스포라의 삶을 이야기할 때 빼놓을 수 없는 인물은 요셉이다. 성경의 인물들 중 하나님의 선택을 받아 디아스포라가 된 이들이 구약으로부터 신약에 이르기까지 참 많다. 그런데 그 중에서도 요셉을 디아스포라의 표상으로 꼽는 것은 그의 삶이 가장 드라마틱하면서 하나님과 함께 한 삶으로서, 디아스포라의 좋은 선례를 남겨주었기 때문이다.

야곱의 열한 번째 아들로 태어나 아버지로부터 많은 사랑을 받았던 요셉은 다른 형제들과는 달리, 꿈꾸는 자로 하나님과 동행하는 삶을 살았다. 그런데 남달랐던 그의 삶은 형들의 질투와 시기심을 불러 일으켰고 그로 인해 17살에 애굽에 종으로 팔려가게 된다.

그때부터 디아스포라로서의 그의 삶은 시작되었다. 요셉은 오늘날 디아스포라의 분류로 볼 때 강제적 이주에 가깝다. 자신의 의지가 아닌 팔려간 것이기 때문이다.

하지만 자발적 이주나 강제적 이주나 하나님의 뜻 가운데 있다면 형식은 중요하지 않다. 열 일곱 살에 홀로 타지에 동떨어지게 된 요셉은 처참하고 절망적인 모습이었다. 채색 옷을 입으며 사랑받고 자랐던 고국에서 하루아침에 노예로 팔려나온 사실은 무엇보다 뼈 아픈 마음의 상처였을 것이다.

열일곱, 아직 생각도 신체도 모든 것이 자라지 않은 시기에 홀로 떨어져 지내는 것도 어려울 지경인데, 게다가 종으로 팔려왔으니 더욱 비참했던 것이다.

하루아침에 디아스포라가 된 요셉의 첫 번째 고민은 정체성이었을 것이다. '나는 누구인가. 이곳에서 완벽한 이방인으로 어떤 삶을 살아야 하는가.' 이런 고민과 마주했을 것이다. 그와 함께 육신의 노동과 고통이 더해졌다. 그의 의지와 상관없이 종이 되었기에 누군가의 소유가 되어 명령에 복종해야 했고, 짐승과 같은 취급을 당하며 살아야 했기 때문이다. 누구 한 사람 도와줄 이도 없었고 안내해줄 정보도 없었다.

여기까지만 보면 요셉의 삶은 절망적이고 불쌍하다. 그러나 열일곱 살의 어린 소년은 꿈꾸는 자였다. 그는 하나님과 함께하는 사람이었다. 꿈을 통해 하나님이 보여주신 미래를 믿었고, 하나님이 어느 순간이든 자신과 함께 하신다는 것을 굳게 믿고 있었다. 이 신앙을 붙들고 살았기에 하루하루 성실히 살아갈 수 있었다.

디아스포라로서의 요셉의 삶은 애굽 땅에 온 열일곱 살부터 시작되어 그가 죽은 후에 그의 후손에 후손들이 이어질 때까지 계속되었다. 오랜 시간이 지난 후, 요셉에 대해 전혀 모르는 왕이 세워져서 이스라엘 민족을 핍박하고 종살이를 살게 했지만, 그 전까지 이스라엘 민족은 애굽 땅에서 잘 살고 있었다. 그 이유는 애굽에 와서 거류하며 디아스포라로서 덕을 세운 요셉이란 훌륭한 지도자가 있었기 때문이다.

이방인으로서 애굽 땅에 살게 된 요셉은 파란만장한 삶을 살았다. 고향에 살 때처럼 풍족한 삶도, 사랑받는 삶도 아니었지만 삶과 신앙에 더 치열하게 고민한 삶이었다. 누구보다 성실하게 일하고 자신의 주어진 삶에 최선을 다함으로 주인에게 인정을 받았지만 뜻하지 않은 여인의 유혹을 끊어내는 과정에서 누명을 쓰며 감옥에 갇히기도 했다. 하지만 감옥에서의 그의 삶은 별처럼 빛났다. 꿈을 통해 다시 일어서게 되었고 오랜 기다림 끝에 왕의 인정을 받고 애굽의 총리로 발탁되었다.

13년간 디아스포라로서의 요셉의 삶은 하나님의 철저한 인도하심 가운데 이루어졌다. 이 시간들을 보내면서 그는 더욱 하나님을 의지하게 되었고, 하나님은 그를 통해 형통함을 보여주셨다.

디아스포라로서의 요셉을 위대하게 바라보는 이유가 바로 여기에 있다. 그는 이주민으로서 신앙의 위대함과 생활의 성실성을 그 땅의 민족들에게 보임으로 인정받았다.

먼저 그가 처음으로 섬기게 된 보디발 장군에게 인정을 받아 집안의 모든 일을 책임지는 자리에 이르는 일은 이방인에겐 거의 불가능한 일이었다. 그러나 보디발 장군은 요셉의 탁월함을 보는 눈이 있었다. "그의 주인이 여호와께서 그와 함께 하심을 보며 또 여호와께서 그의 범사에 형통하게 하심을 보았더라"(창세기 39:3)라는 표현에 나와 있듯이, 요셉이 하나님과 동행하는 모습을 보여준 것만으로 주인의 마음을 움직인 것이다. 주인조차 인정한 종의 삶, 종의 하나님이었던 것이다. 늘 하나님과 함께 하고 있는 종을 바라보면서 보디발은 저절로 그를 신뢰했고 집안의 모든 일을 맡길 수 있게 되었다. 함께함의 영성을 생활 속에서 보여준 요셉의 삶은 지켜보는 이들에게 감동을 주었다.

그리고 요셉은 하나님의 청지기로서 성실함을 보여주었다. 이민자의 삶은 고달프다. 인정받기 위해 노력해야 하고 끊임없는 검증 과정을 거쳐야 한다. 요셉은 어디에서나 성실함을 인정받았다.

사소한 일상에 성실했음은 말씀에 세세하게 나와 있지 않지만 충분히 미루어 짐작할 수 있는 부분이다. 자신을 부리는 주인이 곳간의 열쇠를 맡기고, 더군다나 죄수로서 감옥에 갇혔을 때도 간수장이 열쇠를 맡길 정도면 그에 대한 신뢰는 설명하지 않아도 알 수 있다. 이스라엘 왕으로 이새의 가장 어린 다윗이 선택받은 것 역시, 주어진 일에 충실했던 목동의 삶이 있었기 때문이었던 것처럼, 성실성은 디아스포라의 삶을 이야기하는 중요한 키워드가 된다.

요셉은 하나님의 청지기로서 성실함을 다했고 그것이 선교의 시작이 되었다. 하나님을 삶으로 드러내며 성실했던 태도는 애굽인들로 하여금 그가 믿는 하나님을 궁금하게 만들었을 뿐, 존재를 부정하게 한다거나 핍박받게 만들지 않았다.

요셉이 바로왕의 꿈을 해석함으로 총리라는 위치에 올랐을 때도 이방신을 섬기던 바로왕은 요셉이 믿는 하나님을 인정했다. 그 말은 곧 복음이 이방에 전해지는 것을 인정하는 것과 같다.

한 사람의 디아스포라, 하나님과 함께 하는 요셉이란 디아스포라를 통해 복음이 열방에 전파되는 길이 열린 것이다. 다시 말해 요셉은 훌륭한 선교사였던 것이다.

이제, 애굽의 총리가 되어 나라를 다스리게 되었을 때 요셉은 디아스포라로서 제2의 삶과 비전과 고백을 이어간다. 7년 풍년 끝에 다가온 7년 흉년은 생각보다 훨씬 더 심각한 기근과 어려움을 가져왔다. 그러다보니 그의 고향에도 기근이 찾아왔고 양식을 구하는 상황에 이르렀다.

그리고 오랫동안 떨어져 지낸 고향의 가족들이 양식을 구하러 애굽으로 오고, 거의 20년 만에 이루어진 가족과의 조우(遭遇)…. 그의 형제들은 당연히 죽었을 것이라 생각했던 동생이 애굽의 제2인자가 된 것을 꿈에도 생각하지 못했지만, 하나님은 그를 그렇게 높이셨다.

이 현실 앞에서 그를 버린 형제들은 두려움에 떨었다. 하지만 그때 요셉은 하나님이 자신을 디아스포라로 선택하셔서 이주민으로 살게 하신 이유에 대해 이렇게 고백한다.

> "그런즉 나를 이리로 보낸 이는 당신들이 아니요 하나님이시라
> 하나님이 나를 바로에게 아버지로 삼으시고 그 온 집의 주로 삼
> 으시며 애굽 온 땅의 통치자로 삼으셨나이다" (창세기 45:8)

요셉은 자신을 디아스포라로 살게 하신 하나님의 뜻을 분명히 깨닫고 그 길을 걸었던 것이다. 이것은 요셉의 삶을 통해 본 디아스포라 삶의 핵심이다. '먼저 보내신 하나님의 뜻'을 실천하는 것이 요셉이 보여주는 디아스포라 삶의 핵심이었던 것이다. 그리고 자신을 먼저 보내신 하나님의 뜻이 자신 혼자로 끝나는 것이 아니라 이스라엘 민족들의 흩으심을 위한 전주곡이었음을 확실히 하고 있다.

그리고 그는 그의 가족 전체를 애굽에 이주시켜 세계를 선교하는 선민 이스라엘 민족을 번성시키는 기초를 놓았다. 형들에게 복수를 하거나 질타를 하지 않고 모든 것을 하나님의 뜻으로 돌리며, 형제들을 위로하며 도와줬고 전 세계를 선교하는 민족으로 형성시키는 큰일을 한 것이다.

> "그의 형들이 또 친히 와서 요셉의 앞에 엎드려 이르되 우리는
> 당신의 종들이니이다 요셉이 그들에게 이르되 두려워하지 마소
> 서 내가 하나님을 대신하리이까 당신들은 나를 해하려 하였으
> 나 하나님은 그것을 선으로 바꾸사 오늘과 같이 많은 백성의 생

명을 구원하게 하시려 하셨나니 당신들은 두려워하지 마소서 내가 당신들과 당신들의 자녀를 기르리이다 하고 그들을 간곡한 말로 위로하였더라" (창세기 50:18-20)

이방의 나그네로서 최고의 성공을 거둔 요셉을 통해, 하나님의 흩으심은 분명한 뜻과 계획이 있으며, 더 나은 뜻을 펼치시고자 하는 장치이자 도구였음을 알 수 있다. 그런 의미에서 요셉은 하나님과 함께 하는 나그네로서 거룩한 나그네, 거룩한 디아스포라의 모습을 생활로 보여준 하나님의 사람이라 하겠다.

디아스포라 여인의 믿음을 보여준 룻과 에스더

이스라엘 디아스포라의 역사는 길고도 길었다. 애굽에서 노예로 살던 430년, 사사시대 400년, 그리고 사사시대를 지나 바벨론의 포로로 잡혀간 70년, 그 후 뿔뿔이 흩어진 2,000년의 긴 시간 동안 하나님은 끊임없이 흩으심을 통해 역사하셨다.

그래서 성경은 끊임없이 흩으심의 기록과 흩어진 자들에 대한 기록이 나온다. 앞서 살펴본 대로 아브라함, 요셉 이외에도 모세와 다니엘, 사드락, 메삭, 아벳느고 등 디아스포라 유대인들은 자기가 태어난 땅을 떠나 남의 땅에 가서 살았다.

그런데 이 중에서 여인으로서 디아스포라가 되어 신앙의 교훈과 깨달음, 후대의 선례가 되고 있는 이들이 있다. 남성중심적 사회에서 이주 여인으로 살아간 삶은 다른 이들에 비해 훨씬 더 고생스러웠을 것이다. 그래서 성경은 그녀들의 이야기를 따로 기록하며 신선한 자극을 준다.

룻과 에스더, 이 두 여인은 성경 66권 중에 당당히 자신의 이름을 올린 주인공이다. 그와 함께 주목할 점은 그들이 디아스포라의 삶이었다는 점이다. 서로 살았던 시기는 달랐으나 하나님은 그녀들을 디아스포라로 선택하셔서 한 많은 인생을 금빛날개를 단 인생으로 바꾸셨다.

그녀들의 디아스포라의 삶을 따라가 보면 한마디로 은혜요 감동이다.

사사시대에 기록된 〈룻기〉의 주인공 룻. 그녀는 이방여인으로 이스라엘 땅에 들어와 살면서 가장 낮은 자의 삶을 시작했지만 하나님의 높임을 받아 예수님의 족보에 기록되는 영광의 삶을 보여주었다.

사사시대는 전반적으로 하나님을 떠나고 진리에서 벗어난 시대였다. 이 시대에 유다 베들레헴에 엘리멜렉이란 사람이 있었다. 그는 하나님 앞에 소망을 둔 사람으로, 아내인 나오미와 두 아들을 두고 꽤 잘 살았다. 그런데 하나님은 강퍅하던 이스라엘 민족을 징계하시기 위해 그 땅에 흉년이 들게 하셨다. 그것이 하나님의 징벌인 것을 알고 그 땅에서 회개했어야 했지만 그들 가족은 벌을 피해 모압 땅으로 갔다. 당시 모압 땅은 땅이 비옥했고 목축이 성행하여 잘 정착하는 듯 보였으나 그 이주는 하나님께 범죄한 일이었다. 그로 인해 엘리멜렉이 죽음을 맞이하고, 이방 여인들과 결혼까지 시킨 두 아들도 죽고 만다.

그제서야 나오미는 하나님이 치셨다는 사실을 깨닫는다. 회개의 역사가 있고 나서 베들레헴에 풍년이 들었다는 복음을 듣고 그녀는 고향으로 돌아오기로 한다. 그 과정에서 두 며느리 중 한 명만 시어머니를 따라 베들레헴으로 돌아온다. 그녀가 룻이다. 나오미가 모압 땅에서 디아스포라로 살았듯, 나오미가 고국으로 돌아오면서 이제 며느리 룻은 모압에서 베들레헴으로 떠나온 디아스포라가 되었다. 하지만 그녀는 모든 것을 자발적으로 선택했다.

"나로 어머니를 떠나며 어머니를 따르지 말고 돌아가라 강권하지 마옵소서 어머니께서 가시는 곳에 나도 가고 어머니께서 유숙하시는 곳에서 나도 유숙하겠나이다 어머니의 백성이 나의 백성이 되고 어머니의 하나님이 나의 하나님이 되시리니 어머니께서 죽으시는 곳에서 나도 죽어 거기 장사될 것이라 만일 내가 죽는 일 외에 어머니와 떠나면 여호와께서 내게 벌을 내리시

고 더 내리시기를 원하나이다" (룻기 1:16-17)

룻에게는 늙은 시어머니를 봉양하고자 하는 효성도 있었지만 그 마음 깊은 곳엔 시부모님께로부터 전해들은 복음, 하나님에 대한 영적 소망이 있었다. 시어머니 가족의 하나님께 대한 범죄와 회개, 다시 돌이키고자 하는 소망을 알았기에 따라나선 것이다.

디아스포라가 되어 베들레헴 땅으로 들어간 룻의 미래는 결코 밝지 않았다. 선민사상이 있던 유대인 사이에서 이방인 그것도 모압과 암몬 자손은 개 돼지만도 못한 인간으로 취급되었다. 그것을 모르지 않았던 룻은 멸시와 천대 구박 당할 것을 각오하고 주어진 삶에 최선을 다했다. 시어머니를 위해 유대인들 틈 속에서 보리이삭 줍는 일을 하며 봉양했다.

하나님은 그녀의 결단에 응답하셨다. 우연히 보아스의 밭을 지나가게 되고 때마침 보아스와 만나게 되는 등 그녀의 드라마가 시작되었고 이것은 하나님의 계획이었다. 가장 적당한 때와 장소를 선택하신 뒤 보아스로 하여금 룻의 기업을 무르게 하셨고, 연합하여 다윗의 조상이 될 수 있도록 하셨다.

이방인 모압여인으로서 예수님의 족보 가운데 이름이 올라 있다는 것은 그녀의 믿음이 하나님을 감동시켰다는 뜻이다. 또한 룻이 보아스를 통해 낳은 다윗의 할아버지 오벳의 이름을 붙여준 사람들이 이웃 여인들이란 점으로 미루어볼 때(룻기 4:17-18) 모압여인 룻이 현지인들에게 얼마나 인정을 받았는지 알 수 있다.

디아스포라 룻은 성공적 삶과 신앙의 결단으로 하나님의 은혜를 옷입었다.

롯과 함께 또 한 명, 디아스포라 여인의 삶을 보여준 사람은 에스더였다. 롯보다 한참 뒤, 페르시아 제국이 세계를 지배하고 있을 때였다.

에스더 1장을 살펴보면 당시 페르시아 제국의 아하수에로 왕은 인도에서 구스(에티오피아)에 이르기까지 127 지방을 다스리는 왕이었으며, 6개월 동안 매일 잔치를 벌일 수 있을 만큼 강력하고 부유한 왕권을 가지고 있는, 한마디로 무소불위의 왕이었다. 아내였던 와스디 왕후가 왕 앞에 나오는 것을 거절하자 가차 없이 왕후를 폐위한 인정 없는 왕이기도 했다. 이에 왕은 자신에게 철저히 복종할 사람을 왕후로 선발한다.

이때 에스더가 등장한다. 그녀는 유대인 포로로 바벨론에 끌려와 살던 디아스포라였다. 일찍이 부모를 잃고 사촌인 모르드개에게서 길러졌던 그녀는 아무것도 볼 것 없는 삶이었다. 하지만 하나님은 그들의 삶을 통해 은혜를 누리게 하셨으며 나아가 이스라엘을 구원하시는 역사를 이루셨다.

사촌오빠인 모르드개는 포로로 이방 땅에 살면서 믿음을 굳게 지켰다. 그 믿음을 좋게 보셨던 하나님은 아하수에로 왕이 왕비를 간택하는 과정에서 모르드개의 사촌인 에스더가 선택받을 수 있도록 하셨고, 마침내 에스더가 왕비로 간택되었다. 이후, 모르드개는 왕비의 사촌오빠로서 왕궁의 신하로 일하게 되었는데, 수십 년간 눈물의 세월을 보내며 하나님과 교제한 사람이었기에 이방신을 섬기는 이들에게는 눈엣가시였다.

특히 아각 사람으로 페르시아의 2인자가 된 하만에게 더욱 그랬다. 하만의 교만과 권세는 하늘을 찔렀기 때문에 왕을 제외한 모든 이들이 그의 앞에 나아와 절했지만 모르드개만은 그것을 거부했다.

이 행동에 분개한 하만은 모르드개뿐 아니라 유대인 전체를 말살하려고 했다. 모르드개는 그 계획을 알게 된 후 굵은 베옷을 입고 하나님 앞에 나아가 통곡하고 에스더에게 그 사실을 알렸다. 자신의 민족, 핍박받는 민족을 구하라고 말할 때, 왕비로 산 지 5년째 된 에스더는 인생을 건 결단을 내리게 된다.

'나는 유대인인가, 바사 왕비인가?'

하나님의 자녀라는 정체성을 찾게 된 에스더는 '죽으면 죽으리라'는 각오로 왕 앞에 나아갔다. 이때 모르드개를 비롯한 모든 유대인이 함께 3일간 금식을 하며, 왕 앞에 목숨을 걸고 나아가는 에스더와 유대민족을 위해 기도했다. 그리고 하나님은 민족을 구하기 위한 기도, 죽음을 무릅쓴 기도에 응답하셨다.

마침내 하만의 계략이 온 천하에 드러나고, 어떤 소원이든 들어주겠다는 왕의 약속을 얻은 에스더는 동족인 유대인을 말살정책으로부터 구해내게 되었다. 모르드개를 제거하려고 준비한 나무에 오히려 하만이 매달리게 되는 결과를 나타내심으로 하나님은 디아스포라가 된 유대 민족을 살리셨다.

[11]이방인으로서 어렵게 살아간 그들이었지만 끝까지 믿음을 지키고 민족을 사랑했던 마음과, 에스더와 모르드개의 믿음의 결단을 하나님은 위대하게 보셨고, 유대인들이 흩어진 민족들을 하나로 규합하며 포로생활을 마치고 고향으로 돌아갈 수 있기까지 지켜주셨다. 뿐만 아니라 에스더 왕비의 위대한 신앙의 결단으로 인해 바사 왕국이란 이방에 하나님의 권위가 드러날 수 있는 계기를 만드셨다.

디아스포라로 사는 삶은 결코 녹록한 것이 아니다. 특히 모압 여인으로서 베들레헴 땅에 시어머니만 모시고 살던 룻은 많은 이들의 멸시를 당하는 삶이었고, 남편까지 잃고 가세가 기운 집안을 이끌어가야 했기에 가난하고 힘겨운 삶이었다.

유대민족으로 바사 왕국의 포로로 끌려가 지내야 했던 에스더의 삶 역시 비천한 삶이었다. 이후에 왕비가 되기는 했지만, 절대 권력의 왕을 섬겨야 하는 환경 속에서 믿음을 지켜나간 것은 죽음을 무릅쓴 삶이기도 했다.

하지만 이들 두 여인은 디아스포라로 사는 이들로서 소망을 품었고 하나님의 약속을 성취했다. 매일 하나님만 의지하며 살아갔고, 매일매일 믿음을 연습하며 하나님만 바라보며 나아갈 때 마침내 승리의 깃발을 올리는 삶이 되었다.

그래서 성경 66권 중에서도 룻기와 에스더서는 디아스포라들에게 하나님의 확실한 메시지와 사랑을 느낄 수 있게 한다. 룻기와 에스더서에는 여성을 사용하시는 하나님의 특별한 은혜가 깃들어 있다.

디아스포라의 가교가 되신 예수

하나님은 세상을 창조하신 이후 이 땅에 복음이 전파되기까지 흩으심을 통해 역사하셨다. 성경을 통해 하나님은 디아스포라의 역사를 만드셨고, 그 명령을 지켜 행한 이들은 디아스포라로서 별같이 빛나는 삶을 살며 후대까지 그 빛을 비춰주었다.

믿음의 조상이 된 아브라함이 그랬다. 아브라함으로부터 시작된 족장시대의 디아스포라적 삶은 이삭, 야곱, 요셉으로 이어졌다.

그 후 출애굽을 주도한 모세를 통해 이스라엘 민족이 광야에서 나그네 생활을 하게 됨으로 선별된 2세들만 약속의 땅으로 들어갔고, 그 후 사사시대를 거치면서 끊임없이 디아스포라들이 생겨났다. 왕권시대의 다윗도 사울에 쫓겨 다른 지역의 디아스포라로서의 삶을 살았지만 하나님께 합한 자로서 다시 돌아와 나라를 이끄는 지도자가 되었다.

그러면서 다윗 왕국 시대가 무너지고 나라는 둘로 나뉘어졌다. 그 후, 북 이스라엘과 남 유다가 차례로 멸망하면서 바벨론 포로로 끌려가는 강제적 이주와 함께 또다시 디아스포라가 생겨났다.

이 시기에 디아스포라의 삶을 살아간 대표적 인물이 다니엘이다. 그는 요셉처럼 어린 나이에 포로로 잡혀갔지만 믿음을 지켰다. 이방신 앞에 무릎 꿇지 않음으로 민족의 정체성을 지키는 등 신앙의 참 모습을 보여주었다. 여러 왕조를 거치면서 다양한 박해와 위협 가운데에서도 신앙적인 정체성을 잃지 않았고, 오히려 이방의 왕과 신하들에게 인정을 받았다. 그로 인해 그는 하늘의 별 같이 빛나는 삶을 살았다.

이스라엘 민족의 역사의 흐름 속에 아브라함, 요셉, 다니엘 등으로 이어지는 활약은 신약 시대에 이르러 메시아로 오신 예수 그리스도의 사역에 의해 더욱 분명해졌다.

12)예수님은 하나님의 아들로서 천국의 삶을 버리고 육신을 입고 이 땅에 오셨으므로 디아스포라의 삶이라 볼 수 있다. 아니 예수님은 우리를 위해 스스로 디아스포라의 본을 보이신 것이다.

> **"그는 근본 하나님과 본체시나 하나님과 동등됨을 취할 것으로 여기지 아니하시고 오히려 자기를 비워 종의 형체를 가지사 사람들과 같이 되셨고 사람의 모양으로 나타나사 자기를 낮추시고 죽기까지 복종하셨으니 곧 십자가에 죽으심이라"** (빌립보서 2:6-8)

태생부터 하나님과 동일하지만 자기를 비워 사람과 같이 되셨다는 것은 기득권을 포기했음을 의미한다. 디아스포라들의 삶은 조국이 아닌 이방에 거주함으로 기본적으로 가지고 있어야 할 기득권을 포기한 삶이다.

또한 종의 모습으로 오셨다는 것은 섬기는 자라는 의미다. 또한 자기를 낮추시고 십자가에 죽는 삶 역시 디아스포라들의 삶과 비슷하다.

그래서 예수님은 만민의 구세주로 오시며 구속사역을 감당하시고 승천하심으로 디아스포라의 삶을 마치셨다. 그 삶을 통해 모든 열방들이 하나 되어 하나님 나라의 백성이 될 수 있도록 만들었다.

> **"또 그 민족만 위할 뿐 아니라 흩어진 하나님의 자녀를 모아 하나가 되게 하기 위하여 죽으실 것을 미리 말함이러라"** (요한복음 11:52)

> **"아버지여 아버지께서 내 안에 내가 아버지 안에 있는 것 같이**

그들도 다 하나가 되어 우리 안에 있게 하사 세상으로 아버지께
서 나를 보내신 것을 믿게 하옵소서" (요한복음 17:21)

예수님은 흩어진 하나님의 자녀들이 하나가 되게 하기 위해, 복
음 사역을 위해 기도하셨다. 또 그렇게 되실 것을 말씀하시며 구속
사역을 마치신 후 성령을 보내셨다. 성령을 보내심으로 드디어 새
로운 디아스포라 선교의 시대가 시작되었다.

"모든 족속으로 제자를 삼아 아버지의 성령의 이름으로 세례를
주고 내가 너희에게 분부한 것을 가르쳐 지키게 하라" (마태복
음 28:19)
"오직 성령이 너희에게 임하시면 너희가 권능을 받고 예루살렘과
사마리아와 땅 끝까지 이르러 내 증인이 되리라" (사도행전 1:8)

예수님은 모든 족속으로 제자를 삼으라는 명령을 내리셨고, 승천
하신 후에는 성령을 보내셔서 그 권능을 통해 땅 끝까지 증인된 삶
을 살아갈 것을 명령하셨다. 이 말씀들을 통해 예수님은 복음 든 디
아스포라들이 일어나기를 원하셨던 것이다.
실제로 성령세례를 받은 예수의 제자들이 자발적 디아스포라가
되어 언어와 인종의 장벽을 넘어 땅 끝까지 복음의 증인이 되었다.
그들이 가는 곳마다 교회가 세워지고 그 교회들을 통해 열방이 복
음의 축복을 받게 되는 것을 분명히 알게 된 것이다.

이 땅에 메시아로 오신 예수 그리스도는 천국에서 이 땅으로 오신 디
아스포라의 삶과 맞닿아 있다. 땅 끝까지 나아가 복음을 전파하라는 예
수님의 명령은 지금 이 땅의 디아스포라들의 삶을 통해 이어지고 있다.

유대인과 이방인이 하나 된 초대 디아스포라 교회

신학자들은 진정한 신약시대의 시작을 오순절 성령강림 이후로 말한다. 예수님이 이 땅에 오셔서 구속사역을 감당하신 뒤, '흩어져 복음을 전하라'는 명령과 함께 성령이 임하시고, 그때서야 땅 끝까지 복음을 전하는 시대가 열렸기 때문이다.

그래서 오순절 성령강림 사건은 신약시대 디아스포라가 된 사도들, 디아스포라들에게 복음이 전해지는 가교가 되었다. 그러므로 사도들이 흩어지게 된 결정적인 계기가 된 오순절 사건에 담긴 의미는 매우 중요하다.

예수님의 승천 이후 오순절이 되자 많은 이들이 예루살렘으로 모여들었다. 오순절이라 하면 유월절 주간의 안식일로부터 50일째 되는 날로, 유월절과 초막절과 더불어 유대인의 3대 절기 중 하나이다.

오순절에는 유월절 기간 동안에 처음 익은 보리 곡식단을 제단에 드리는데, 밀 추수가 끝나는 49일(7주)이 추수기간 다음 날이기 때문에 칠칠절이라고도 불린다. 이때는 처음 수확한 밀을 가지고 떡을 만들어 제사를 드린다. 연대를 짐작해보면, 오순절은 현재의 태양력으로 볼 때 5월말이나 6월 초순에 해당될 것으로 본다.

이스라엘 민족에게 오순절은 매우 중요한 절기이기 때문에 많은 이들이 예루살렘으로 모여들었다. 이때 예수의 제자들은 혼잡한 사람들을 피하고 예수에 대해 적대적인 이들에 대한 두려움 때문에 마가의 다락방에 모였다. 그리곤 주님의 명령에 따라 열심히 기도하며 성령이 임하시기를 기다렸다.

그때 마가의 다락방에 모인 120문도에게 강한 역사가 일어난다. 세찬 바람소리와 함께 불의 혀처럼 갈라진 불꽃이 각 사람 위에 떠오르는 등, 성령이 말하게 하심을 따라 다른 언어로 말하기 시작한 것이다.

구약의 바벨탑 사건과 뭔가 비슷하지만 다르다. 바벨탑 사건은 하나였던 언어가 혼잡케 되어 나뉘고 흩어지는 사건이었다면, 오순절 성령강림 사건은 혼잡케 되었던 언어가 다시 회복되는 사건이다. 이것은 땅 끝까지 종족에게 복음이 전파되는 것을 상징하며 복음이 확산될 것을 암시하는 것이다.

또한 구약의 유월절이 그리스도의 수난과 부활을 예표했다면, 오순절은 신약시대에 교회의 시작을 알리는 영적인 의미가 있다.

하나님은 [13]성령강림을 통해 복음의 확산을 시작하셨다. 우선 예루살렘에 모인 많은 디아스포라들을 통해서였다. 해마다 절기가 가까워오면 타지에 흩어져 있던 디아스포라들이 성전으로 모여들었다. 그렇게 모여든 이들에게 성령체험을 한 사도들이 성령의 각각 다른 언어로 말하게 하심으로 복음을 전하게 된 것이다.

베드로 역시 회개를 촉구하며 그들 가운데에서 복음 증거자가 되었다.

"너희가 회개하여 각각 예수 그리스도의 이름으로 세례를 받고 죄 사함을 받으라 그리하면 성령의 선물을 받으리니 이 약속은 너희와 너희 자녀와 모든 먼 데 사람 곧 주 우리 하나님이 얼마든지 부르시는 자들에게 하신 것이라" (사도행전 2:38-39)

그는 복음의 축복이 대를 이어 후손들에게 그리고 땅 끝까지 이를 것이라고 증거했다. 성령이 임하신 증거한 말씀엔 권능이 있었고 마침내 삼천 명이 회개하고 주님께 돌아왔다. 그들 중 일부는 예루살렘에 살고 있는 사람들도 있었겠지만 여러 나라에서 온 디아스포라도 있었다. 그래서 각자의 고향으로 돌아간 그들이 또 자신이 체험한 복음을 전하는 등 복음의 지경이 갑자기 넓어진 것이다.

사도 베드로와 요한이 권능을 얻어 치유의 은사를 행했던 사건 이후 고백한 내용을 봐도 성령체험을 통한 디아스포라 복음이 진행되고 있음을 알 수 있다.

> **"너희는 선지자들의 자손이요 또 하나님이 너희 조상과 더불어 세우신 언약의 자손이라 아브라함에게 이르시기를 땅 위의 모든 족속이 너의 씨로 말미암아 복을 받으리라 하셨으니 하나님이 그 종을 세워 복 주시려고 너희에게 먼저 보내사 너희로 하여금 돌이켜 각각 그 악함을 버리게 하셨느니라"(사도행전 3:25-26)**

성령강림으로 인해 신약의 디아스포라들의 활약은 더욱 커졌다. 우선 빌립 집사를 통해 사마리아와 아프리카에 복음이 증거되었다. 또한 베드로 역시 복음을 증거하는 사도가 되었다. 특히 베드로의 경우, 처음엔 잘 이해하지 못했지만 세 번이나 반복된 환상과, 고넬료 가정의 방문을 통해 이방인에게 구원의 문이 열렸음을 깨닫게 된다.

이렇게 사도들이 복음의 증인이 되면서 예루살렘에 모인 디아스포라들이 자신이 있는 곳으로 돌아가 교회가 세워지고 복음이 확장되었다.

물론 이 과정에서도 분명한 하나님의 개입이 있었다. 예루살렘 교회가 날마다 부흥할 때 하나님은 '흩어져 나가서 복음을 전하라'고 명령하셨다. 하지만 그들은 '이곳이 좋사오니' 하며 예루살렘에 머물러 있었다. 나가지 않아도 부흥이 되고 있으니 현실에 안주하고 싶었는지도 모른다.

하지만 하나님은 당신의 제자들이 계속 움직이며 움직이는 복음의 증인이 될 것을 원하셨다. 결국 스테반 집사가 돌에 맞아죽는 사건을 계기로, 예수를 믿는 이들에게 박해가 시작되었고 결국 그것은 흩어짐을 낳았다.

이렇게 흩어진 이들이 교회를 세웠는데, 안디옥 교회, 빌립보 교회, 에베소 교회와 같은 초대교회다. 그들은 자신이 서 있는 땅으로 돌아가 복음을 나누었고, 열방을 섬기는 축복의 통로요 특히 유대인과 이방인이 하나된 교회를 세웠다.

제일 먼저 세워진 교회인 안디옥 교회, 유럽에 세워진 최초의 교회였던 빌립보 교회, 에베소 교회 등은 흩어진 자들이 세운 교회였다. 하나님의 민족을 흩으심으로 곳곳에 교회가 세워지게 되었고 성령을 통해 권능을 받아 복음이 강력한 힘을 발휘하게 된 것이다. 그리고 그것은 오늘날까지 이르고 있다.

초대교회가 세워지고, 보내심을 입은 자들의 면면을 살펴보면, 하나님의 뜻과 섭리가 강력히 작용하고 있다는 것을 알 수 있다. 그들 모두 디아스포라 교회였다.

안디옥 교회의 경우, 로마에서 핍박을 받아 흩어진 성도들이 예루살렘에서 안디옥까지 가서 복음을 전하면서 설립되었다. 안디옥 교회는 디아스포라 교회의 전형적인 선례로 소개할 수 있는데 오로지 주 예수만 전했기 때문이다. 이곳은 이미 이념 같은 것을 벗어난 오로지 복음만 생각했기에 더욱 축복을 누릴 수 있었다.

덕분에 지도자로 파송된 이들도 성령으로 충만한 이들이었고 이민자가 세운 교회인 만큼 다민족으로 구성되었다. 정통 유대인인 바나바를 비롯해서 다소 출신의 디아스포라 유대인 바울, 흑인으로 짐작되는 시므온, 북아프리카의 구레네 출신의 루기오, 마나엔 등 교회 지도자부터 민족의 다양성을 짐작할 수 있다. 역시 하나님께서 이미 다양성을 계획하신 것이다.

다양한 디아스포라가 모인 공동체, 하나님은 그렇듯 디아스포라 복음 사역을 교회를 통해 본격적으로 시작하셨다. 그들은 그 다양성 가운데 성령이란 공통분모로 선교 역량을 최대화했고 소아시아에 복음을 전하는 전진기지로 쓰임 받았다.

안디옥 교회뿐만 아니라 그 이후에 세워진 이민자의 교회들도 민족의 다양성을 엿볼 수 있다.

빌립보 교회에서 먼저 복음을 받아들인 루디아는 두아디라 출신인 디아스포라로 상류층 여성이었다. 그 뒤 복음을 받아들인 이들을 살펴볼 때 헬라인, 외국에서 수입된 노예 등으로 추정되는 다양한 이들이 교회로 모였다. 역시나 다양한 배경의 사람들이 모여 바울 사도의 복음 사역에 귀한 후원교회로 역할을 감당한 것이다.

에베소 교회는 또 어떤가. 에베소 교회는 사도 바울의 제자 디모데와 그곳에서 말년을 보낸 사도 요한과 예수의 어머니 마리아 등 복음의 통로로 쓰임 받은 사람들이 모인 공동체였다. 이 교회는 특히나 유대인과 이방인이 하나 되어 지역에서 복음의 빛을 발했던 공동체였다.

이처럼 성령강림 이후 세워진 초대교회는 유대인과 이방인이 하나 된 교회였다. 이 말은 예수님이 보내시겠다고 약속하신 성령을 보내시고, 그 성령의 역사가 디아스포라 교회를 통해 나타나 땅 끝까지 복음이 전파되는 기지가 되게 하신 것이다.

실제 예수님의 지상명령은 교회를 시작으로, 마침내 사도들을 흩으심을 통해, 언어와 장벽을 넘어 땅 끝까지 복음의 증인이 되게 하셨다.
그리고 지금도 그 흩어진 자들의 역사는 계속 이어지고 있다. 이스라엘 민족의 디아스포라의 역사를 통해, 또 동방의 이스라엘로 선택받은 우리 한민족 디아스포라의 발자취를 통해.

제2장((Chap.2)

동방의 이스라엘,
한민족 디아스포라

하나님이 선택한 또 하나의 민족,
유대인과 비슷한 궤적을 걸어온 한민족!
복음의 홀씨를 품고 땅 끝까지 퍼져나간 그들의 삶과
이주의 역사 속에 디아스포라들의 사도행전이 있다.
그들만의 히(His)—스토리(Story)가 있다.

동방의 유대인으로 선택받은 한민족 디아스포라

우리 민족과 가장 닮아있는 민족을 꼽자면 바로 유대민족이다. 기독교적 입장에서 볼 때 더더욱 그렇다. 그런 이유로 많은 신학자들이 한국의 복음의 역사를 연구할 때 이스라엘 민족의 이야기와 상당부분 접목시키기도 한다.

하나의 민족으로 구성되었으며, 디아스포라 즉 흩어짐의 역사를 겪었고, 지금도 진행 중이다. 또한 복음을 받아들인 민족으로서 세상에 흩어져 나가 복음을 전파하는 동시에, 기도운동 등을 통한 영성을 이어가고 있다. 특히 여러 곳 땅의 끝까지 흩어진 민족 간의 네트워크를 형성하며 경제적으로 영향을 주고받고 있다는 점 등 두 민족 간에는 많은 공통점이 있다.

하나님은 오래 전 복음의 역사를 이뤄가는 과정에 이스라엘 민족을 사용하셨다. 그 하나님이 '동방의 이스라엘 민족'을 선택하셨는데 그것이 바로 우리 한민족이다.

디아스포라(διασπορά)는 특정 인종 집단이 기존에 살던 땅을 자의적 또는 타의적으로 떠나 다른 지역으로 이동하는 현상을 말한다. 본토를 떠나 나라 밖에 자리잡은 집단에게만 사용하기에, 헬레니즘 시대 후 팔레스타인 이외의 곳에 사는 유대인 공동체를 주로 가리켰다. 그들은 박해를 받았고 전도활동을 했다.

그런데 시대가 변화하면서 디아스포라의 개념도 확대되었다. 유대인뿐 아니라 다른 민족들의 국제적 이주와 망명, 난민과 이주 노동자, 민족공동체 문화적 차이, 정체성 등을 아우르는 개념으로 사용되면서 한민족 디아스포라에 대해 새롭게 조명하게 된 것이다.
한민족의 역사도 유구한 반만년의 역사 속에, 짧지만 강렬한 흩어짐이 있었고, 그 흩어진 민족들이 겪은 수난과 역사 속에는, 놀라운 하나님의 섭리와 은혜가 있었다.

디아스포라의 의미에 대해 조금 구체적으로 살펴보자면, [14]디아스포라에 대해 연구한 샤프란은 디아스포라가 되는 여섯 가지 충족 요인에 대해 다음과 같이 말했다.

1) 특정한 기원지로부터 외국의 주변적인 장소로의 이동이 있는 경우
2) 모국에 대한 집합적인 기억이 있을 때
3) 거주국 사회에서 수용될 수 있다는 희망의 포기와 그로 인한 거주국 사회에서 소외되고 격리가 될 때
4) 조상의 모국을 후손들이 회귀할 이상적인 땅으로 보는 경우
5) 모국에 대한 정치적, 경제적인 헌신이 있을 때
6) 모국과의 지속적인 관계유지가 되는 경우

여섯 가지 충족요인에 비춰보면 한민족의 걸어온 역사, 흩어진 역사를 짚어볼 때 상당부분 비슷하다는 사실을 알 수 있다.

특정한 기원지라면 구한말 조선 땅일 것이다. 우리 조상들은 구한말 기근과 어지러운 나라안팎의 어려운 상황을 피해 간도, 연해주 등 국경을 넘어 주변으로 이동했다. 이주 후 우리 민족은 뿌리를 내리고 정착을 하면서도 모국에 대한 집단적인 기억이 강했다. 고향을 향한 향수가 얼마나 충만했던지 타국에서 '아리랑'을 부르며 울며 지새운 날이 새털같이 많았고, 눈물로 베갯잇을 적시며 숱한 날을 보냈다.

또 자신들이 거주하게 된 땅에서 수난의 역사를 겪었다. 거주국과의 갈등이 있었다. 이유 없는 차별 속에 부당한 대우를 받으며 살기도 했고, 이유 없이 쫓겨나기도 했다. 그로 인해 거주국 사회에 완벽히 수용될 수 있다는 희망보다 조국으로 돌아갈 날을 고대하고 그리워하는 마음을 가지고 살았다. 그렇기에 모국에 대한 관심과 후원을 놓지 않았고 어떻게든 조국과의 관계의 끈을 이어가려 했다.

물론 흩어져 지낸 시간이 흐를수록 상황이 조금 달라지긴 했다. 거주국 사회에 수용될 수 있다는 희망이 생기고 실제로 그곳에서 적응하며 사회의 일원으로 살아가기도 했다. 하지만 아직도 한민족 디아스포라는 모국에 대한 강한 회귀 본능이 있으며, 모국의 정치적 경제적인 어려움에 헌신하려고 한다. 우리나라가 일본에 빼앗겼을 때 그들은 독립자금을 모아 나라의 독립을 위해 기도했고, 헌신했고, 행동했다. 그러한 움직임은 지금도 그렇다. 지속적인 관계가 유지되고 있다는 증거다.

이렇듯 한민족 디아스포라는 디아스포라로서 모든 조건을 충족하고 있다.

한마디로 한민족 디아스포라는 동방의 이스라엘 민족이라 할 수 있다. 이제 동방의 이스라엘 민족인 한민족 디아스포라의 걸어온 길, 흩어진 길을 통해 우리 민족의 디아스포라 역사를 알아보려고 한다.

19세기 중엽부터 북만주, 연해주, 간도 등으로 이주를 시작하면서 지금까지 미국을 포함한 아메리카, 중남미, 일본, 유럽과 아시아권까지 흩어져 살아가고 있는 한민족 디아스포라. 모두 필요에 의해 흩어졌고 그 속엔 하나님의 흩어짐을 통한 계획이 분명히 있었다.

때로는 '15)이주민 국외로 추방된 난민 초빙노동자 망명자공동체 소수민족 공동체와 같은 용어도 포함하는 의미'(퇴뢰리안의 정의)의 집단으로 살았고, 때로는 16)'정치적 이유로 거주국 사회에 동화될 수도 없고 동화되려고 하지 않으며 그렇다고 그들 자신이 고안해낸 이상화된 기원지로 귀환할 수 없는 사람들의 공동체'(무딤베와 엥글의 정의)로 살았던 한민족 디아스포라의 삶. 그들의 115년 역사(정부가 인정한 하와이 공식이민인 1902년을 기준)는 그래서 더 가치있고 귀중하고 다시금 돌아볼 가치가 있을 것이다.

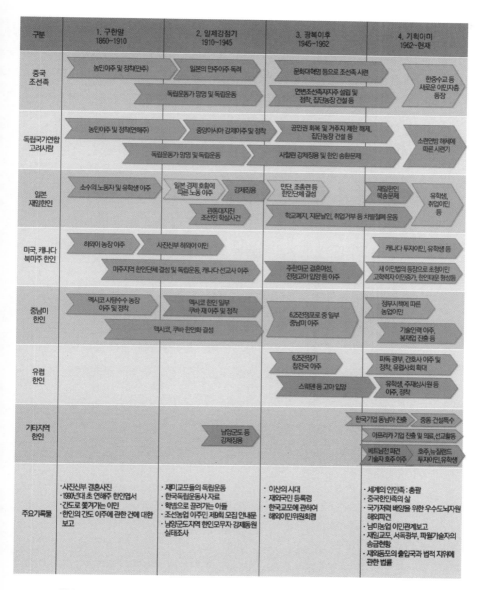

구분	1. 구한말 1860~1910	2. 일제강점기 1910~1945	3. 광복이후 1945~1962	4. 기획이민 1962~현재
중국 조선족	농민이주 및 정착(만주)	일본의 만주이주 독려 / 독립운동가 망명 및 독립운동	문화대혁명 등으로 조선족 시련 / 연변조선족자치주 설립 및 정착, 집단농장 건설 등	한중수교등 새로운 이민자층 등장
독립국가연합 고려사람	농민이주 및 정책(연해주)	중앙아시아 강제이주 및 정착 / 독립운동가 망명 및 독립운동	공민권 회복 및 거주지 제한 해제, 집단농장 건설 등 / 사할린 강제징용 및 한인 송환문제	소련연방 해체에 따른 시련기
일본 재일한인	소수의 노동자 및 유학생 이주	일본 경제 호황에 따른 노동 이주 / 강제징용 / 관동대지진 조선인 학살사건	민단 조총련 등 한인단체 결성 / 학교폐지, 지문날인, 취업거부 등 차별철폐 운동	재일한인 북송문제 / 유학생, 취업이민 등
미국, 캐나다 북미주 한인	하와이 농장이주 / 사진신부 하와이 이민	미주지역 한인단체 결성 및 독립운동, 캐나다 선교사 이주	주한미군 결혼여성, 전쟁고아 입양등 이주	캐나다 투자이민, 유학생 등 / 새 이민법의 등장으로 초청이민 고학력자 이민증가, 한인타운 형성등
중남미 한인	멕시코 사탕수수 농장 이주 및 정착	멕시코 한인 일부 쿠바 재 이주 및 정착 / 멕시코, 쿠바 한인회 결성	6.25전쟁포로 중 일부 중남미 이주	정부시책에 따른 농업이민 / 기술인력 이주, 봉재업 진출 등
유럽 한인			6.25전쟁기 참전국 이주 / 스위덴등 고아 입양	파독 광부, 간호사 이주 및 정착, 유럽사회 확대 / 유학생, 주재상사원등 이주, 정착
기타지역 한인		남양군도 등 강제징용		한국기업 동남아 진출 / 중동 건설특수 / 아프리카 기업 진출 및 의료, 선교활동 / 베트남전 파견 기술자 호주 이주 / 호주, 뉴질랜드 투자이민, 유학생
주요기록물	·사진신부 결혼사진 ·1990년대 초 연해주 한인엽서 ·간도로 쫓겨가는 이민 ·한인의 간도 이주에 관한 건에 대한 보고	·재미교포들의 독립운동 ·한국독립운동사 자료 ·학병으로 끌려가는 아들 ·조선농업 이주민 제회 모집 안내문 ·남양군도지역 한인무우자 강제동원 실태조사	·이산의 시대 ·재외국민 등록령 ·한국교포에 관하여 ·해외이민위원회령	·세계의 한민족: 총괄 ·중국한민족의 삶 ·국가저력 배양을 위한 우수도뇌자원 해외파견 ·남미 농업 이민관계보고 ·재일교포, 서독광부, 파월기술자의 송금현황 ·재외동포의 출입국과 법적 지위에 관한 법률

"한 눈으로 보는 한민족의 이주 역사". 국가기록원. 『기록으로 보는 재외한인의 역사』. 서울:행정자치부 국가기록원, 2016.

간도로 간 한민족, 중국동포 이민사

19세기 중엽, 한반도는 혼란스러웠다. 우리나라를 향한 서양 나라들의 지대한 관심과 간섭은 조선의 쇄국정책에도 불구하고 결국 서양문화에 대한 개방의 문을 열도록 만들었다. 조선의 문호가 개방된 이후로는 외국과의 왕래도 이전보다 한결 자유로워졌다.

한민족은 단일민족이라는 정체성을 가진 민족으로, 예로부터 나고 자란 땅을 떠나는 일이 드물었다. 그렇기 때문에, 태어난 고향을 한 번도 떠나지 않고 살았던 이들도 많았고, 조국을 떠난다는 것은 상상조차 해보지 않은 일이기도 했다.

하지만 시대는 계속 바뀌었다. 새로운 문명과 문화가 조금씩 들어오면서 개방과 변화의 바람이 불었다.

사실 우리 민족이 유목민족이라기보다 정착민족에 가까웠기 때문에 해외로 이주하는 일은 매우 드물고, 거의 불가능해 보였지만 먹고 사는 문제 앞에서는 달랐다. 18세기 초부터 시작된 중국 이주는 경제적인 요인이 가장 컸다. 먹고 살기 위해, 조선 땅보다는 중국의 넓은 땅을 선택한 것이다. 하지만 경제적 이유 외에 정치적 종교적 이유도 있었다.

▶ 한민족이 간도로 이주한 까닭은?

초기에 중국으로 이주한 이들이 머문 곳은 주로 간도였다.

간도(間島)는 청나라와 조선 사이에 놓인, '섬과 같은 땅'이라는 의미를 지닌 명칭이다. 우리말로는 '사잇섬'이라고도 한다. 청나라와 조선의 중간지대인 간도를 이주 금지구역으로 정하면서 간도는 청나라와 조선 사이에 끼인, 섬과 같은 땅으로 여겨지게 되었다. 간도는 서간도와 북간도(또는 동간도)로 구분하는데, 보통 간도라 하면 북간도를 의미한다. 이곳은 훈춘과 연길, 왕청, 화룡 네 개의 현으로 나뉜 두만강 북부의 만주 땅을 의미한다.

간도로 간 한민족, 그들은 왜 간도를 택했을까?

[17]중국의 만주족(여진족)이 세운 후금은 1636년 국호를 대청(大靑)으로 바꾸고, 1642년에는 산해관을 점령했다. 1644년 이자성의 반란군이 명나라의 수도인 북경을 함락시킴으로써 명나라가 멸망한 뒤, 청나라가 이자성의 반란군을 궤멸시킴으로써 중국 대륙의 실질적인 지배자가 되었다. 이후, 청나라는 두만강과 백두산 위쪽 일대를 청나라 땅으로 선포하고 그곳을 봉금지역으로 지정하여 출입을 제한했다. 그러나 엄격한 통제도 오래가지 못했다. 중국의 인구가 늘어나면서 산동과 하북 하남 일대로 사람들이 몰려들었고 새로운 토지가 필요했던 이들은 만주로 이주하기 시작했던 것이다.

우리 민족도 이런 흐름에 따랐을 것이다. 과거 우리나라와 중국 사이에 이 지역은 영토의 주인이 자주 바뀌어왔기에 오히려 활발한 교역의 장소가 되었다. 그래서 오히려 드나드는 일이 수월하고 반감이 없었을 것이다. 그러다보니 아침에 갔다가 저녁에 돌아오는 생활형 이주나, 봄에 갔다가 가을에 돌아오는 계절형 이주 등 일시적인 이동이 시작되었다.

▶1860년대 이후 간도 이주를 시작하다

1860년대 들어서면서 상황이 바뀌었다. 한반도 일대에 불어 닥친 재해와 흉년은 사람들의 삶을 무척 힘들게 만들었다. 특히 우리나

라의 경우, 좁은 땅을 일구며 살아가야 하는 이들에게 흉년의 고통
은 삶의 터전을 떠나도록 이끌었다.

결국 많은 이재민이 발생하게 되면서 우리 민족의 시선은 중국으
로 향했다. 이미 이전부터 다녀오곤 했던 간도로의 이주가 본격적
으로 시작되었다.

"간도에 가면 쌀이 주렁주렁 열린다고 합디다."

이런 풍문은 하루하루 먹고 살기 힘든 민초들의 삶에 큰 유혹이
되었다. 흉년이 든 한반도의 토지에 비해 간도 지방의 땅이 좀 더
비옥했기 때문이다.

이런 시대적 상황 속에서 우리 민족의 이주는 시작되었다.

'사잇섬'이라 불리던 간도 지역으로 이주한 한민족은 그곳에 정착
하자마자 땅을 일구고 농사를 짓기 시작했다. 벼농사를 비롯한 농
작물을 가꾸며 농지를 개간하고 공동체를 이루며 꽤 번성했다. 특
히 집안 지역 이양자 마을의 경우 우리 민족이 집단거주했던 곳이
었다는 것을 알려주는 비석이 세워져 있을 정도다.

이 시기의 이주에 있어 특이한 점은 우리나라에서 이주한 이들이
정착한 지역들이 출신 지역별로 나뉘었단 점이다. 예를 들어, 연변
지역은 함경도 주민들이 대다수 이주했고, 요녕성은 평안도 출신들
이 많이 이주했다. 흑룡강성에는 전라도 출신들이 이룬 남도촌과,
경상도 마을, 충청도 마을이 형성되었다. 이러한 집단 이주 집단 거
주 형태가 민족성을 좀 더 두텁게 만들었을 것이다.

▶ 한일합병 이후 이주가 본격화되다

구한말, 조선이 한일합병 되면서 나라를 잃게 되자 중국으로의

이주는 더욱 잦아졌다. 이전에는 가난을 피해 간도 땅으로 오게 된 이들이 많았는데, 나라를 빼앗은 일본의 토지조사사업으로 인해 원래 가지고 있던 땅도 빼앗기고 소작농으로 전락한 이들이 중국 땅을 찾았다. 자신이 일굴 땅이 사라졌으니 더 이상 빼앗긴 조국에 있을 이유가 없었던 것이다. [18]그렇게 이주한 사람들이 1910년 10만 명을 넘어섰고, 1930년에 이르러 60만 명까지 늘어났다.

처음에 간도와 주변의 땅으로 이주했던 것에 비해, 이후에는 간도 주변이 아닌 하얼빈과 몽골 자치주까지 이를 정도로 그 범위가 확대되었다. 우리 민족은 특유의 성실함과 교육에 대한 열정, 조국에 대한 애국심을 가지고 열심히 땅을 일구었다. 비록 남의 나라 땅에서 살고 있지만 항상 조국을 응원했고 서로 도우며 열심히 살았다.

간도는 항일운동, 독립운동의 또 다른 기지가 되어 움직였다. 많은 한민족이 터전을 삼고 있기도 하거니와 일본의 감시를 피해 활동할 수 있는 곳이었기에 항일 항쟁 운동의 본거지로서 역할을 해냈다.

특히 독립운동가들이 망명하면서 조국의 독립을 위한 일들을 진행하는 동시에, 후손에게 민족교육을 시키는 일에 앞장섰다. 중국으로 이주한 우리 동포들 역시 민족운동의 중요성을 깨달아 자녀들의 교육에 헌신했다.

[19]1914년 연변지역의 연길현에만 조선인 서당이 116개소가 있었는데 그 중에는 신식 서당이 34개였다고 한다. 연변지역의 신식 사립학교가 1911년에 19개소였다가 5년 만에 156개로 늘어나는 등 우리 민족은 교육에 대단한 열의를 보였다. 이것은 중국 전체의 문맹률이 22.2%인데 비해 조선족이 7% 밖에 되지 않는다는 통계자료

에서도 근거를 찾을 수 있다.

이것은 다민족사회인 중국에서도 우리 동포가 민족의 정체성을 유지하며 살아가려 노력했고 민족집단 거주지를 형성하여 공동체적 사회, 경제를 이끌었기 때문이다.

▶강제이주에 의해 중국 전역으로 흩어지다

중국 곳곳에 모여 살던 우리 동포들의 중국 내 집단 거주지역이 더욱 흩어지게 된 것은 만주사변에 의해서다. 일본은 1931년 만주사변을 일으켜 만주국을 건설했다. 이것은 중국 동북지역을 중국 침략을 위한 병참기지와 식량기지로 활용하려는 뜻이 있었다. 그러니 그곳에 필요한 인력들을 많이 배치해야 했다.

이때부터 일본은 우리 민족을 1년에 1만호씩 계획적으로 이주시키기 시작했다. 그곳에서 집단 농장을 이루어 식량을 생산하도록 했고, 그로 인해 중국 땅에 한민족의 숫자는 가파르게 늘어났다. 1930년대에는 60만 명으로, 1940년대에는 145만 명까지 늘어났다.

하지만 일본이 세계대전에서 패하자 상황이 바뀌었다. 일본의 패전과 한국의 독립으로 더 이상 한민족은 강제이주 된 땅에 있지 않아도 되었다. [20]그에 따라 강제이주된 한민족의 귀환이 시작되었고, 이때 이주민의 40%에 해당하는 약 70만 명이 다시 귀환했다. 이후로 중국 땅에 계속 남아 있게 된 중국 내 한민족 디아스포라는 이후 '조선족'이라는 이름으로 중국 내 소수민족의 삶을 이어오고 있다.

중국에 거주하는 우리 동포들의 삶은 그리 순탄하지만은 않았다.

그럼에도 불구하고 우리의 언어와 전통을 유지하며, 가는 곳마다 땅을 경작하여 수확을 했고, 교육의 불을 지폈다. 이런 노력의 결과, 1939년 모택동은 조선족을 '중국 소수민족의 하나이고 중화민족의 일원이며 중국의 국민'이라고 선언하며 조선족에 대해 소수민족으로서 중국 국민으로 인정했다.

▶중국 내 소수민족으로 자리매김하다

하지만 중국에 남아 있던 우리 동포들은 중국의 파란만장한 역사를 함께 겪어야 했다. 특히 중국 내 내전이 일어남에 따라 중국에 있던 우리 동포들은 자신과 같은 소수민족을 지지하는 모택동 노선을 지지하며 가장 열성적으로 해방전쟁에 참여하기도 했다. 그 결과, 새로운 중국을 건설하는 데 공헌을 했다. 연변을 중심으로 동북 3성 전역에서 중국을 위해 싸운 우리 동포가 6만 명이 넘었다.

이러한 공로로 중국동포는 이주 민족이었지만 토지를 받고 중국 국민으로서 자격을 부여받는 등 자리매김을 했다. 그 후 자치구를 설립하고 소수민족으로 승인받기에 이르렀다.

하지만 중국의 역사는 한 차례 더 변화를 겪었다. 모택동을 중심으로, 낡은 사상과 관습을 타파하자는 취지로 중국 땅 전체에 문화대혁명이 일어났다. 1966년 시작된 문화대혁명으로 인해 중국은 10년간 소수민족을 핍박하기 시작했다. 사회주의의 신념 아래 현대화 과정에 제동을 건 혁명이었는데, 이를 기회로 모택동은 정적을 탄압하고, 신문화를 도입하고 현대화를 주장하던 이론가들을 숙청했다. 조선족 역시 그 타깃이 되어 박해를 당하며 어려운 시기를 견뎌내야 했다.

▶재중 동포의 현재

　중국의 한인 디아스포라는 한민족 디아스포라의 이주 역사 가운데 가장 긴 역사를 가지고 있다. 역사가 가장 길지만 민족의 문화와 민족정체성을 가장 잘 유지하고 있다. 그것은 지리적으로 가까운 이유도 있지만, 우리 민족 근현대의 많은 면을 함께 공유해왔고 민족성을 유지해 나가려는 노력과 의지가 있었기 때문이다.

　현재 중국은 50개가 넘는 소수민족이 공동체를 이루며 사회를 이끌어가고 있다. 그 중 조선족은 13번째로 큰 소수민족을 이루며 중국의 일원으로서 역할을 해내고 있다. 무엇보다 다른 민족에 비해 월등히 모국에 대한 마음이 강하여 그들이 지닌 민족적 저력이 크다. 재중 동포들은 중국의 제도적인 변화와 경제개발로 인해 북경, 상해, 대련, 청도, 심천 등으로 널리 퍼져 다양한 모습으로 생활하고 있다.

　또한 1990년대 이후 빠르게 증가하는 해외 이주 정책으로 인해 재중 한인들이 외국으로 나가 경제 교육 활동에 종사하는 일도 많아지고 있다.

　그러나 중국 내 한민족 동포들이 가지고 있는 본질적인 문제들도 있다. 세대를 거듭할수록 자신이 중국인인지 한민족인지 정체성에 대한 고민을 겪고 있고, 오랜 시간 이주를 거쳐 오면서 중국 사회의 발전에 적응하지 못한 이들도 나타나고 있다. 나이든 세대와 젊은 세대 간의 갈등도 겪고 있다.

　하지만 현재 재중 한인들은 이러한 갈등 가운데에서도 서로 협력하고 대화하며, 중국 사회 내 소수민족으로서 정체성과 역할을 고민하며 방법을 찾아나가고 있다.

한눈으로 보는 중국 이민사.

① 19C 말(1860년~70년) 조선, 재해와 흉년→봉금(封禁)지역으로 이재민 이주 시작

*봉금지역: 17C 청나라 중 후반기를 지나면서 급증하는 청의 인구 문제 해결을 위해 백두산, 압록강, 두만강 일대의 동북지역을 봉금지역으로 지정, 이주를 장려함

1860년경: 간도 지역의 조선족 77,000명

② 1910년~1918년: 일본 동양척식회사로 인해 조선 농민들, 소작농으로 전락

(1918년 22만 명 조선족→1930년 60만 명)

③ 일본 대륙침략계획→1년에 1만호씩 강제 이주

(1935년 연변지역에 125개→1939년 13,451개의 집단부락 형성→1940년 145만 명→태평양전쟁(1940년~1945년)으로 감소→1953년 112만 명)

-항일투쟁 및 중국 공산당의 해방전쟁에 참여, 조선족 존재감↑

-공산당의 신중국 건설에 가장 열성적으로 동참→핵심민족으로 인정

-1949년 소수민족으로서는 첫 종합대학인 연변대학 설립

-1952년: 연변조선족자치주 수립

④ 1980년대 이후: 실업과 저소득, 생활수준의 저하→대도시로 이주, 이농향도 현상

1998년 한국정부 '재외동포의 출입국 및 법적지위에 관한 법률' 공포→한국행 증가

⑤ 2012년 현재 조선족은 183만 929명→55개 소수민족 중 13번째 규모

격동의 시기를 견뎌낸 고려인 이야기

고려인에 관한 스토리는 아픔과 상처의 이야기이자, 인동초(忍冬草)와 같았던 우리 민족의 은근과 끈기의 이주사이다.

우리 민족이 어떻게 고려인으로 살게 되었는가. 그 시작은 구한말로 거슬러 올라간다. 우리 민족이 중국으로 조금씩 이주를 시작하면서 그 시기에 또 다른 곳으로의 이주를 시작한 사람들이 있었다. 우리 동포들이 찾은 또 다른 곳은 러시아였다. 러시아 역시 국경과 인접한 곳이었기에 그곳으로 간 것으로 보인다.

한인들의 러시아 이주는 그 시작을 1863년으로 보고 있다. 왜냐하면 1863년 러시아 육군 중위 레자노프(Lexanov)의 보고서에서 그 시작을 찾을 수 있기 때문이다. [21]레자노프의 보고서에 우리 동포에 대한 이야기가 등장하는데, 한인 몇 명이 자신을 찾아와 이주허락을 받았다고 나온다. 이에 경비원 5명이 머물 초소를 지어주는 조건으로 이주를 허용했다는 내용이 나온다. 그때 처음 한민족이 러시아의 땅을 밟고 생활하게 된 것으로 보고 1863년부터 고려인의 이주가 시작되었다고 본다. 오늘날 50만 고려인의 이주역사의 시작이다.

▶지신허 마을을 시작으로 고려인 이주가 시작되다

고려인 이주 역사의 시작은 국법을 어기고 국경을 넘은 두 사람으로부터 시작된다. [22]함경도 지역에서 거주하던 최운보와 양응범은 함경도 농민 13가구를 이끌고 두만강을 건너 핫산지역(지신허)에 도착했다. 13가구의 인원은 50~60명. 그들은 국법을 어기고 목숨을 걸고 지신허에 도착한 만큼 정착하려는 마음이 간절했다.

일단 정착한 곳에서 땅을 가꾸고 작물을 심었다. 그들이 점유한 땅은 새롭게 조성된 포세트구역의 국유지였고 그 지역의 초소 대장으로 있던 레자노프 중위를 찾아가 호소했다.

'한인 몇 사람이 와서 20가구가 노보고로드 초소로부터 떨어진 지신허강 분지에 정착할 수 있게 해 달라고 호소하였다. 이미 그들은 이곳에 대여섯 채의 집을 지어놓은 상태였다.'

이 보고서처럼 한인들의 삶에 대한 의지는 결연했고 그들의 요청은 받아들여졌다. 그들은 열심히 농사를 지었고, 생산한 메밀을 국고로 구입할 수 있게 해달라고 청원하는 등 적극적인 이주민의 삶을 펼쳐갔다.

지신허 마을은 최초 이주민 13가구에서 해마다 급증했다. 1866년엔 100여 가구로 증가했고 1868년엔 900명이 국경을 넘어왔다. 그런 가운데 마을 공동체들이 자연스럽게 형성되었다.

특히 지신허로부터 떨어진 연추강의 연추마을로 이주한 이들은 한민족 공동체를 이루었다. 그들은 그곳에서 집단농장을 성공시키며 이주의 성공사례를 남겼다. 그러던 중 러시아 정부 측에서는 한인들의 성공적인 이주에 따라 이주민들을 다른 곳으로 이주시키는 정책을 펼쳐갔다. 그로 인해 수이푼 강가에 푸칠로브카 마을 등 한인마을들이 더 생겨나게 되었다.

▶1869년 대흉년으로 지신허 마을이 포화상태에 이르다

23)'1869년의 흉년은 음력 7월에 내린 장매(강풍에 따른 흑비)로 인한 것이었는데, 이때 육진지방은 한줌의 벼도 거둘 것이 없는 공전(空前)의 대흉년이었다. 이에 더해 얼마 전 웅기만에 미국

상선이 표착(漂着)했는데 적재돼 있던 물화를 마음대로 나누어 가진 사건을 조사한다는 소문이 나돌았다. 이에 영문(營門) 장교가 사실 조사하러 온다는 소문을 듣고 이를 두려워한 경흥 읍민 96가구가 음력 11월 일시에 두만강을 건너 지신허로 몰려들었다. 아무런 준비도 없이 들이닥친 이들을 맞은 지신허 마을에는 거처할 집도 식량도 없어 이주민들은 굶주림과 추위의 아비규환 상태에 빠지게 됐다.' (계봉우의 『아령실기』 중)

그동안 계속적으로 이주민들이 국경을 넘어 지신허 마을로 모였지만 1869년 한국 땅에 대흉년이 일어나면서 국경을 넘는 이주민들이 폭발적으로 늘었다. 자료에 의하면 1869년 9월말~10월초에 1,850명의 농민(남자 1,300명, 여자 550명)이 지신허로 이주했고 같은 해 11월말~12월초에는 훨씬 더 많은 4,500명이 지신허로 몰려들었다.

이때의 어려움이 얼마나 컸으면 러시아 한인사회 이주사에서 입지전적인 인물로 알려진 최봉준은 이런 글을 남기기도 했다.

24)'1868년(1869년의 잘못) 기사(己巳)에 이르러는 본국 함경도 지방에 흉년이 크게 들거늘 그 해 겨울에 기황(饑荒) 들었던 백성 수천 호가 일시에 지신허로 내도하니 기왕에 우거(寓居)하던 몇 십 호의 농작한 힘으로는 수천 인구를 구제할 방책이 없는지라, 그런고로 기황을 이기지 못하여 생명을 구제하매 극근득생(極僅得生)한 반분(半分)에 지나지 못하였다.'

사태가 이렇게 되니 지신허 마을은 포화상태가 되었다. 당국에서도 이들을 다른 지방으로 이주시켜 정착하도록 하는 것이 최선임을 알고 이주를 권장했다. 그로써 추풍(수이푼) 지역으로 이주가 시작되었고 그 후에는 블라고슬로벤노예(Blagoslovennoe) 마을로 이주시켰다. 블라고슬로벤노예는 러시아당국이 한인들의 러시아화를 목표로 정책적으로 조성한 최초이자 유일한 모범마을이었다.

조금씩 흩어지기 시작한 우리 동포들은 남부 우수리지역 각지를 개척했고 그로 인해 수많은 한인마을들이 형성될 수 있었다.

▶러시아의 신한촌이 민족운동의 보금자리가 되다

러시아의 이주 정책에 따라 한민족이 남부 지역에 정착하면서 우리 민족은 집단 거주를 통해 공동체를 형성했다. 우리 민족은 새로운 시가를 건설하고 '신한촌'이라 불렀다. 신한촌은 한민족 최초의 코리아타운이자, 해외 독립운동의 전진기지였다.

신한촌은 아무르만 산의 경사면에 위치해 있었다. 겨울이 되면 물이 얼어 빙판 위를 걸어 연길 등 북간도로 왕래할 수 있었다고도 한다.

신한촌이 형성되면서 우리 동포들의 활약은 더욱 활발해졌다. 민족의 독립운동과 맞물려 독립을 위한 투쟁뿐만 아니라, 민족교육 계몽운동에도 앞장서는 등 한인사회의 저력을 발휘했다. 이때 연해주 한인들의 자치기관이었던 권업회와 권업신문사, 한민학교, 여성단체인 자혜부인회 등이 민족운동을 이끌었다.

특히 3·1운동 후에는 항일정신이 더욱 고조됨에 따라 노인동맹단, 소년애국단, 기독청년회 등 각종 단체가 신한촌 내에 형성되는 등 항일운동의 본거지 역할을 담당하며, 러시아 내 한인 디아스포라는 독립운동의 중요한 역할을 감당했다.

▶강제이주로 인해 중앙아시아로 흩어지다

　고려인들의 정착은 그리 쉬운 일이 아니었다. 그럼에도 어렵게 국경을 넘어 간 우리 민족은 황무지를 개간하여 어느 정도 안정된 생활을 이루었다. 1863년부터 시작된 한인들의 러시아 이주는 1922년 소비에트의 정책으로 사실상 이주가 불가능할 때까지 계속되었다. 그간 많은 이주민들이 러시아에 정착하였다.

　그런데 그즈음 우리 민족에게 또 다른 시련이 기다리고 있었다. 그들이 거주하는 땅인 소련의 지도자 스탈린이 강제이주정책을 실시한 것이다. 1937년 8월 21일 스탈린이 서명한 극비지령에 보면, "조선인은 일본인과 닮아 전쟁의 스파이 노릇을 할 수 있으니 강제 이주시켜라."는 내용이 들어 있다. 일본인과 닮았다는 이유로 우리 동포들은 하루 아침에 정든 땅을 등지고 시베리아 열차에 실려 강제적으로 이주를 당해야 했던 것이다.

　이것은 스탈린의 러시아중심주의에 의한 소수민족동화정책 때문이기도 했고, 동시에 1930년대 초 농업 집단화로 인해 황폐화된 중앙아시아의 농업을 발전시키려는 의도 때문이기도 했다. 사회주의 건설과 중앙아시아 농업 발전에 필요한 노동력을 확보하기 위해, 다른 어떤 민족보다 농업에 자질이 뛰어난 우리 민족의 노동력이 필요했던 것이다.

　이 잔인한 강제이주에 앞서서 우리 민족 지도자들이 가장 먼저 1차적으로 고통을 당했다. [25]강제이주에 대한 반감을 없애기 위해 2,500여 명의 한인 지도자가 체포 또는 처형되었다. 그리고 남은 우리 민족들에게는 며칠 또는 몇 시간 내에 살고 있는 땅에서 떠나라는 통보가 내려졌다. 대부분의 사람들은 그동안 일궈놓은 땅과

집 모든 살림을 남겨둔 채 영문도 모르고 시베리아행 열차에 올라 탔다. 그들은 목적지도 모른 채 열차에 올라타 한 달도 넘는 시간을 끌려갔다. 그것도 대부분 여객열차도 아닌, 화물객차나 가축열차였 다.

기차 안에는 수많은 한민족이 뒤엉켜 있었고 추위와 배고픔과 질 병을 견디지 못해 사망한 이들도 상당수에 이르렀다. 어린이들 중 60%가 사망했기 때문에 강제이주는 고려인들에게 있어 가장 가슴 아픈 상처가 되었다. 무엇보다 그들은 어디로 가는지, 어떻게 살아 야 하는지 알 수 없었고, 희망이란 것이 없었기에 더욱 절망스러웠 다.

[26]열차에 실려 간 이들은 중앙아시아 전역으로 흩어졌다. 1937년 에 시작된 이주정책은 1938년 1월 1일까지 진행되었는데, 연해주에 거주하는 우리 한민족 전원이 남카자흐스탄, 아랄해 부근, 우즈베 키스탄 등으로 흩어졌다.

열차에서 내렸을 때 그들을 기다리는 것은 매서운 추위와 황량한 땅, 배고픔과 두려움뿐이었다. 그들은 전역에 흩어져 '고려인'이라 는 이름으로 살았다.

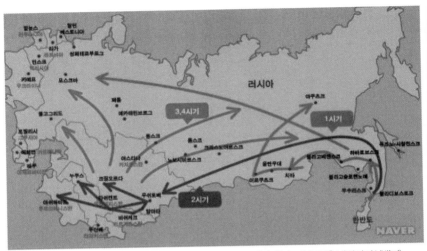

한인들 이주경로 지도(이병조 · 김 게르만, "러시아지역 한인의 삶과 기억공간", 네이버지식백과)

고려인들은 아무것도 없는 황무지 땅에서 다시 일어섰다. 추위와 배고픔을 이겨내기 위해 하나로 뭉쳤고 힘을 합해 땅을 개간했다. 토굴을 파서 생활하며 추위를 견뎠고 손으로 메마른 땅을 개간하며 열매를 거두었다. 조국으로 돌아가고 싶어도 갈 수 없었다. 어떻게 든 살아남아야 했기에 러시아인으로 살아가야 했고 사회에 동화되어야 했다.

시련은 또 있었다. 1991년 소련이 붕괴되고 러시아 외 15개 독립국가로 분리되면서 고려인들은 또 한 차례 어려움을 겪어야 했다. 자신이 거주하는 국가에서 타민족에 대한 배타적인 분위기가 형성되었기 때문이다. 그들 중에는 러시아 국적을 취득해서 살아가는 이들도 있었지만 그렇지 않은 이들도 있었다.

그렇다보니 고려인들이 직장에서 추방되기도 하고 경제적으로 어려운 처지에 놓이게 되었다. 그러자 연해주 지방으로 이주하는 이들이 늘어났다. 이주가 자유롭게 된 덕분이다. 물론 이주가 해결책은 아니었다.

고려인들은 소련 붕괴 직후 러시아 민족이 아니라는 이유로 각종 차별을 감당해야 했다. 구소련에 속했던 독립국가들 중 일부는 민족고유의 정신을 계승한다는 의미로 언어 차별정책을 쓰기도 했다. 자신들의 고유한 언어를 사용하여 그동안 모국어처럼 사용하던 러시아어를 사용하던 고려인의 입을 막기도 했다.

이런 각종 차별 정책을 감당하며 고려인들이 살아왔다. 하지만 우리 민족은 그 속에서도 꿋꿋이 자신의 삶을 지켜내며 러시아를 포함한 중앙아시아 지역에서 자기 역할을 훌륭히 감당하며 살아가고 있다. 특히 전문직이나 공직으로 진출한 고려인 3,4세들의 활약도 주목할 만하다.

현재 50만이 넘을 것으로 추정되는 고려인들의 삶은 여러 가능성과 문제점을 동시에 안고 있다. 가능성은 그들이 한민족 디아스포라로서 지닌 잠재력과 선교적 가능성이다. 타문화권에 익숙한 글로벌 네트워크로서의 역할은 무한한 잠재력이 있다.

고려인 3, 4세들이 공통적으로 안고 있는 문제점 중 가장 대표적인 것은, 한민족으로서의 정체성이 사라지고 있다는 점이다. 또한 이주 시기가 다른 고려인들, 즉 이민 1세대와 일본의 강제징용에 의해 사할린으로 강제징용 되어 고려인이 된 이주민 사이의 갈등과 화합도 해결해야 할 문제이다.

한 눈으로 보는 고려인 이민사

■ **1단계(1863~1884년)**

-1863년 12월 30일자, 러시아 육군 중위 레자노프 보고서(첫 공식 문서) : 경비원 5명이 머물 초소를 지어주는 조건으로 한인들 이주 허용

-1864년 1월. 14가구 65명 지신허 마을 형성. 조선정부 몰래 러시아로 이주

-1864년 여름. 30가구 140명 한인들 이주. 러시아 정부 유익하다고 판단

-1869년 9월 말~10월 초까지 1,850명 이주

-1869~70년. 5,700명 새로운 보금자리 마련

-1871년 봄. 1,000여 명 한인들 조선 정부에 한인이주 금지요청

■ **2단계(1884~1905년)**

-1886년 하바로프스크에서 제2차 프리아무르 변강 주지사 및 지역 대표회의 : 러시아 국경 내 한인들 증가로 이들을 내륙으로 이동시키자는 내용

-1888년 8월 8일. 조러 국경협약, 러시아 거주 한인들의 지위 규정, 한인이주 문제 해결을 위한 기틀 마련

■ **3단계(1905~1917년)**

진정한 의미에서 이주가 아닌 자연 침투에 가깝고 일본의 통치가 시작된 이후의 이주가 본격적 이주(고려인 역사학자 박보리스 박사)

-계속된 자연재해와 일본의 병탄에 맞서 조국 독립을 위해 러시아와 만주로 이주

-1906년 연해주 한인 인구는 34,399명에서, 1910년 50,965명으로 증가

-러시아, 5루블짜리 등록증 발급을 요구해서 통계에 잡히지 않은 이주자도 많았다

−러일전쟁에 패배한 차르정부, 황인종에 의한 개발에 반대함에 따라 인구 감소

■ 1937년 강제이주 이후

−1937년 8월 21일, 스탈린 결의안 : 고려인을 가장한 일본 정보원들의 침투를 막는다는 이유로 38년 1월 1일까지 연해주 거주 고려인들 전원을 남카자흐스탄, 아랄해 부근, 우즈베키스탄으로 강제이주

−소수 엘리트들만 일반객차 이용, 대부분 화물객차, 가축차량에 실려 이주

−이 과정에서 어린이 60% 사망

−나중에 이들은 중앙아시아 전역과 러시아로 흩어짐

하와이로 간 최초의 공식이민, 미국 동포 이민사

'하와이 섬에 가면 매일매일 나무에 열린 바나나를 배터지게 먹을 수 있다'는 소문이 퍼졌다. 그즈음 인천 내리감리교회 교인들뿐만 아니라 몇몇의 조선인들은 정든 조국을 잠시 떠나 신문물 신문명, 신교육을 받을 수 있다는 미국을 향한 동경이 생겼다. 게다가 당시 대한제국의 고종 황제가 허가한 이민이었기에 무엇보다도 믿을 만했다.

우리 동포들은 태어나 한 번도 살던 곳을 떠나본 적 없었지만 미지의 세계에 대한 기대와 희망이 있었다. 한편으로는 두려움도 있었지만 나라의 어지러운 정치상황과 어려운 경제에 맞물려 다른 환경에서 살아보고 싶다는 마음도 있었을 것이다.

그 당시 미국의 상황은 어떠했을까. 1830년대, 미국의 땅 하와이에서는 사탕수수 산업이 발달하기 시작했다. 산업이 성장함에 따라 노동력이 많이 필요해진 미국은 아시아권의 노동력으로 눈을 돌렸다.

이때 [27]노동력으로 투입된 민족은 중국인과 일본인이었다. 미국이 워낙 넓은 땅이다 보니 맨 처음에는 중국인들의 노동력이 대거 미국으로 들어오게 되었는데, 1852년부터 시작된 중국인 이민 노동자들이 사탕수수밭을 일구었다. 하지만 1882년 중국은 내부적인 변화와 함께 해외이민금지령을 내렸고 당장 미국은 노동력에 큰 타격을 받았다

이에 일본인이 그 자리를 대신하게 되었는데 나중에는 일본인이 노동력의 대부분이라고 할 수 있는, 60% 이상의 비중을 차지하게 되자, 미국 정부는 우려가 생겼다. 일본인 노동자들이 지나치게 자주

집단파업을 벌이게 되면서 생산에 차질이 생기게 되었기 때문이다.

이때, 집단파업이 잦은 일본인들을 대신할 또 다른 노동력으로 우리 민족이 떠올랐다. 1882년 조선과 미국은 공식적인 관계가 되었다. 제물포 조약을 통해 조선과 미국이 관계를 맺게 되면서 조선인 노동이민이 추진되었다. 소문처럼 하와이 땅에 바나나가 지천으로 열리긴 했지만 사탕수수 노동자의 임금으로는 그것을 마음껏 사 먹을 형편이 되지 못한다는 것은 미국에 가서야 알게 된 사실이었다.

그렇게 우리 민족의 미국으로의 이동이 시작되었다.

▶1902년, 하와이 공식이민이 시작되다

상선 갤릭호를 타고 하와이 호놀룰루로 향한 121명, 그들은 새로운 삶에 대한 기대를 안고 배에 올랐다. 고종 황제의 하와이 칙령으로 하와이 이민고시가 붙었고, 그에 따라 다들 각자 다른 기대와 꿈을 안고 오른 것이다. 그들은 모두 '집조'라 불리는 여권을 가지고 있었다. 다들 미국의 포와도(하와이의 한국식 이름)에 농업을 목적으로 떠나는 [28]이민 집조였다. 그들의 집조에는 보증인이 적혀 있었는데, 이것은 일종의 하와이로의 이민에 필요한 경비를 이민자가 부담해야 했기에 사탕수수 농장장이 선지급한 뒤 매월 급료에서 일정액 상환하는 방식을 취했기 때문에 보증인 제도가 있었던 것이다.

집조를 든 이민 희망자들은 1903년 1월 2일, 요코하마항을 경유하여 태평양을 횡단하여 1월 13일에 호놀룰루 항에 도착했다.

인천 내리감리교회 교인 50여 명이 포함된 121명의 희망자가 배에 올랐지만 호놀룰루 항에 도착했을 때는 신체검사에서 탈락한 몇몇을 제외하고 총 102명이 남았다(이후 최종 농장에 배치된 사람은 86명이었다. 나머지는 안질로 상륙이 불허되었다). 이들은 협궤열차로 갈아타고 오하우섬 아이알루아 농장 모큘레이라에서 이민생활을 시작했다.

이들을 시작으로 1903년에 총 16차례 1,133명, 1904년에 총 33차례 3,434명 등 하와이 이민이 금지된 1905년 4월까지 모두 총 65차례 7,266명이 하와이로 이민을 하게 되었다.

29)사탕수수밭으로 가게 된 이민자들의 생활은 고된 노동의 연속이었다. 새벽부터 내리쬐는 뙤약볕에서 일해야 했고 적은 임금에 고국에 대한 그리움까지 합해져 힘든 날을 보내야 했다.

이민자들 중 농사를 지어본 사람은 많지 않았다. 최초 이민자들 가운데는 교인이 많았고 목회자, 유학생, 향리의 선비, 광부와 군인, 농촌의 머슴, 건달 등 다양한 계층으로 구성되어 있었기에 그들이 한데 어우러져 노동을 견디고 익숙해지려면 시간이 필요했다.

수십 개 농장으로 흩어져 일해야 했던 우리 동포들의 삶은 차이는 있었겠지만 대부분 차별과 편견, 부당한 대우를 견디는 생활이었다.

카우이 섬 콜로라 농장에서 일했다는 하와이 이민자 30)이홍기 옹이 증언하는 농장에서의 생활상이다.

"새벽 4시 30분에 일어나 아침을 먹었다. 새벽 5시에 일터로 나가서 5시 30분부터 일을 시작하여 오후 4시 30분까지 일을 했다. 점심시간 30분이 고작 휴식시간이었다. (중략) 십장은 하와이말로

루나(Lunas)라 불렸는데, 나의 십장은 독일인이었다. 그는 매우 엄격했다. 일하는 동안 허리를 펴거나 담배를 피울 시간도 허락되지 않았다. 루나(십장)는 우리를 마치 소나 말과 같이 채찍으로 다스렸다. 노동자들의 이름을 부르지 않고 마치 죄수처럼 번호로 불렀다. 만일 누구나 그의 명령을 어기면 보통 뺨을 맞거나 사정없이 채찍으로 때렸다.

나는 막사에서 살았다. 숙소는 사병들의 막사같이 생긴 판잣집이었다. 한 칸에 미혼 남자 네 사람씩 기거했다. 이부자리는 한 사람당 담요 한 장뿐이었다. 가끔 찌는 듯한 실내 온도로 잠을 잘 수 없었다. 그리고 밥은 조석으로 손수 지어먹었다. 주일은 쉬었다. 그러나 아무런 오락시설도 없어 노동생활의 외로움을 달래기 위해 주말 모임을 가지기도 하나, 더러는 방탕한 생활에 빠지기도 하였다. 때로 심한 노동을 견디지 못하고 향수병에 걸려서 생활의 안정을 찾지 못하고 방황하는 이들도 있었다. 일당으로 남자는 67센트, 여자는 50센트였다. 한 달 월급은 16불이었고, 통역관은 30불이었다고 한다. 이 돈으로 생활을 겨우 유지할 정도였다."

하와이 사탕수수 농장에서의 생활은 이민자들이 기억하는 바가 조금씩 다르다. 아마도 각 농장마다 사정과 형편이 달랐기 때문에 임금에 차이가 있었을 것이다. 중요한 것은 그들이 받은 부당한 대우와 임금이다. 우리 동포들이 그곳에서 중노동을 하면서 받은 임금은 조선에서 광고했던 것과는 완전히 달랐고, 인격적인 대우를 받지 못하고 고된 생활을 했다는 사실이다.

하와이 이민은 1902년에 시작해서 1905년까지 진행되었다. 2차 이민단 90명이 1903년 2월 10일에 콥틱호를 타고 호놀룰루에 도착했고, 그 뒤 [31]1904년 33척의 선편을 통해 3,434명이 들어왔다. 다음해 1905년에는 16척에 이민자 2,659명이 타고 미국 땅을 밟았다. 그리고 하와이 이민은 1905년 5월 18일 288명이 들어오는 것으로 끝이 났다.

▶ 사진신부들의 활약으로 한인 사회가 안정을 찾다

이민자들의 생활은 힘들고 고되었다. 하지만 그와 함께 심각한 문제도 있었다. 당시 이민자들은 노동력 중심으로 이주했기에 남성이 여성보다 10배나 많았다. 독신자들은 통나무에 양철지붕이 덮인 기숙사에서 생활했고, 가정이 있는 이들은 작은 정원이 있는 통나무집에서 살았다.

그런데 남의 나라에서 홀로 생활하다보니 그들의 그리움과 외로움은 말할 수 없이 컸다. 노총각들의 문제는 한인사회에서 문제가 되었다. 세월이 흐르면서 혼기를 넘긴 결혼문제가 현지 정착과정에서 심각한 문제로 드러난 것이다.

하와이 이민과 함께 가장 큰 문제로 떠오른 것이 결혼문제였다. 초기 이민자 중 84%가 20대 남자였기에 이들의 결혼 문제는 큰 현안이었다. 이때 등장한 것이 '사진신부'(Picture Bride)였다. 결혼이라는 중대한 문제 앞에서 사진만으로 선을 보는 것이 어찌 보면 말이 안 되는 이야기였지만, 그 당시로서는 어쩔 수 없는 선택이었다.

사진신부 제도가 생겨나면서 조선 땅에 사는 여성들은 사진으로 미국에 있는 신랑감을 보고 결혼을 결정했다. 생전에 얼굴 한 번 본 적 없는 남자의 빛바랜 사진 한 장만으로 결혼을 결정한 여성들이 미국행 배에 올랐다. 그들 마음속에는 신문물에 대한 동경도 있었을 것이다.

결국 사진 교환을 통해 결혼하는 사진신부들이 1910년부터 하와이로 이민가게 된다.

[32]한 기관에서 이들 첫 이민자들 가운데 생존자들을 대상으로 이민 동기들에 대해 조사했다. 그런데 그 동기들이 참으로 다양했다.

'하와이에 가면 빗자루로 땅을 쓸기만 해도 돈이 생긴다기에 그 돈으로 친정 식구들을 살리려고', '서자(庶子)라고 설움을 받아서', '예수쟁이라고 놀림 받는 것이 싫어서', '남자들 횡포 때문에', '시부모를 안 모실 것 같아서', '일본인의 압박을 참을 수 없어서', '자손들을 좋은 나라에서 훌륭하게 교육시키고 싶어서', '모험심에서' 등으로 다양했다.

고생하며 배를 타고 도착한 하와이, 부푼 꿈을 안고 신랑을 만났건만 그녀들 앞에는 기겁할 현실이 놓여 있었다. 사진과는 다른 신랑감이 눈앞에 나타났기 때문이다. 이미 사탕수수밭에서 고생할 대로 고생하고 있던 남성들의 모습은 총각 티가 하나도 나지 않았으며, 평균 15살 이상 나이 차이가 났다. 속은 기분도 들었지만 400불이나 되는 큰돈을 지불하고 미국까지 왔기에 돌아갈 엄두도 내지 못했다.

결국 사진신부들은 먼저 이주한 한국 남성과 결혼을 했고 가정을 이루었다. 1924년 미국 이민법에 의해 모든 형태의 한인 이민이 금지되기까지 총 1,000여 명의 신부들이 하와이로 떠났다.

사진신부들은 사탕수수밭 노동자들만큼이나 슬픔과 애환서린 세월을 보냈지만 가정을 이룸으로써 이민사회는 빠르게 안정을 찾아갔다. 부지런한 우리 민족 특유의 끈기와 노력으로 탄력을 받아 경제력을 갖추는 등 현지에서 뿌리를 내리는 데 큰 역할을 했다.

사진신부 제도로 인해 한층 안정을 찾은 미국 내 한인들은 경제력을 갖고 교육열을 발휘하여 도약기를 맞았다. 특히 하와이 이민 초창기부터 조성된 교회 중심의 공동체가 한인사회를 집결시키는 힘을 발휘했는데, 그것은 오늘날까지 한인들에게 교회 중심의 생활 공동체를 만드는 데 영향을 주었다.

7천 명이 넘는 이민자들은 하와이 각 섬에 40여 개 농장으로 분산되었고, 한 곳에 적게는 30여 명, 많게는 200~300명까지 집단으로 거주하며 노동에 종사했다. 이들은 힘든 노동을 견디고 적은 월급을 받으며 가정을 이루며 살았지만, 그에 그치지 않고 나라의 독립을 위해 독립자금을 모아 성금을 전달하기도 했고, 각종 교회 활동뿐 아니라 학교를 세워 자녀들을 위한 민족교육 신앙교육에 힘쓰며 자생하기 위해 애썼다.

이런 생활 가운데서 성도들은 농장단위로 교회(예배처소 수준)를 설립, 현실을 신앙으로 이겨나갔다.

▶어렵사리 미국 시민권을 받기까지 서러운 이방인의 삶을 살다

하와이 이주민들에게 많은 어려움이 있었는데, 무엇보다 미국의 시민권자가 되는 데에 많은 어려움이 있었다.

하와이에서 처음 출생한 한인 아이는 [33]1903년 3월 3일(2차 이민단)에 도착한 현순 목사와 부인 현 마리아의 첫 딸 앨리스 현으로, 5월 8일에 쿠울라우 지역(와이알루아와 카후쿠 농장이 있던 지역)

에서 태어났다. 앨리스 현은 미국영토에서 태어났으니 속지주의를 원칙으로 하는 미국 법에 따라 미국시민이 되었다.

그러나 부모를 따라 온 448명의 아이들과 4,000여 명의 어른들 대부분은 1952년 이후에야 시민권을 받을 수 있었다.

1904년 9월 26일에 부모와 함께 하와이에 이민 온 박 에스더는 1902년 평양에서 출생해서 두 살 때 왔는데, 미드-퍼시픽 고등학교(Mid-Pacific High School, 1918-1922)와 하와이 대학(1922-1926)을 졸업하고 사회생활을 오랫동안 할 때까지 시민권을 받을 수 없었다. 그녀는 하와이섬의 코할라 여학교에서 1년을 가르친 후 19년 동안 호놀룰루 YWCA에서 근무하다가 그 후 한국으로 들어왔다. 1947년 뉴욕 YWCA 본부의 요청으로 김활란 박사에 의하여 창설된 한국 YWCA의 고문으로 파견을 받았기 때문이다. 30년 동안 한국 YWCA를 위하여 일하다가 1977년 하와이로 돌아갔다.

그런데 박 선생이 한국에 파견되었을 때 미국시민이 아니었으며, 한국 여권도 없었기 때문에 특별 허가를 받고 입국해야 했다. 박 선생이 미국시민이 된 것은 1955년 4월 22일로 하와이에 도착한 지 41년 후였으니, 이렇듯 미국 한민족의 이주사에는 거주하는 곳의 시민이 되는 일조차도 커다란 문제가 되었다.

▶노예취급 받는 이민자들의 현실에 노동이민이 중단되다

하와이 노동이민은 1905년 하반기부터 돌연 중지되었다. 조선 정부의 허락도 없이 일부 악덕상인들이 1904년에 멕시코로 가는 이민자 1,033명을 모집하여 보낸 사기사건 때문이었다.

이후 그들의 후예는 멕시코 유카탄(Yucatan) 반도에 흩어져 살면서 어려운 생활을 하고 있는데, 그 후예들은 지금까지 6대째 이어오며 스페인어를 쓰고 살아가고 있다. 1993년부터 미주 내 한인 교회가 이들을 찾아내어 선교사역을 시작했고, 이때부터 그들도 여러 모로 문화혜택을 받기 시작했다.

이외에도, 하와이에 간 조선인들이 노예취급을 당한다는 소식을 접하자 조선 정부로서는 백성을 노예로 팔 수 없다는 판단을 내린 것이었다. 또한 1905년에 맺은 을사늑약으로 조선의 외교권을 빼앗은 일본은 조선 정부에게 이민을 중지하도록 압력을 가했다. 하와이에 있는 조선인 노동자들로 인해 점점 설 자리를 잃어가고 있는 일본 노동자들을 보호하기 위한 조치였다.

1907년경에 하와이 노동이민이 거의 끊겼다. [34]1910년 미국의 인구조사에 의하면, 하와이에 살고 있는 한인의 수가 4,533명이며, 그중에 농장 노동자는 1,787명이었다. 한인의 60%가 농장을 떠나 살고 있었음을 알 수 있다.

1920년에 이르러 전체 한인 4,950명의 27%인 1,300여 명이 호놀룰루를 주거지로 삼았다. 당시의 교통수단인 기차로 시골농장에 다녔고, 시내에는 전차가 있었다. 그렇다고 한인들이 쉽게 전차를 타고 여기저기 다니지 않았을 것이다. 그러기에 한인 단체 사무실과 한인들의 교회가 어디에 있었나를 미루어 보면 한인들이 모여 산 곳을 짐작할 수 있다.

▶미국 본토로 흩어진 디아스포라

하와이로 간 한민족 디아스포라는 특유의 생활력과 한인 여성들의 강인한 의지로 한인사회의 뿌리를 내리며 살았다. 1905년 이민이 중단될 때까지 노동자 7,226명이 미국 땅을 밟았다. 물론 그들 대부분은 미국을 임시거주지로 생각하며 돈을 벌어 갈 요량이었지만, 막상 와보니 생활이 녹록치 않다는 것을 깨달았다. 게다가 조국이 일제 치하에 놓이게 되면서 미국 땅에서 뿌리를 내리고 사는 방향으로 그 생각을 바꾸었다.

사탕수수밭의 노동 기간이 끝난 뒤 한민족 디아스포라는 선택을 해야 했다. 조국으로 돌아가야 할 것인지, 남아서 새 삶을 살 것인지. 농장생활의 고통을 잊지 못한 이들 중에는 돌아간 이들도 있었다. 나라가 일제치하에 있어도 그래도 가족이 있는 곳을 향했던 것이다.

하지만 그 중의 2천여 명이 조금 못 되는 동포들의 생각은 달랐다. 미국 사회에서 적응하며 살기로 결심했고, 그로 인해 하와이를 떠나 미국 본토로 들어갔다. 그들은 골드러시 바람을 타던 캘리포니아 주로 이주했고, 그 속에서 또 다시 본토 곳곳으로 흩어져 나갔다. 이제는 계약 노동 같은 것이 없었으니 자유가 있었다.

뿔뿔이 흩어지긴 했지만 그들이 모여 있는 곳에는 어김없이 교회가 세워졌고 예배와 교제, 교육이 이루어졌다. 미국 사회의 유색인종의 차별 속에서도 생활력을 잃지 않고 터전을 일궜으며 그곳에서 태어난 자녀들은 미국 시민권을 얻었다. 이주자들은 1954년이 되어서야 시민권을 얻을 때까지 이주민으로 거주해야 했다.

그 후 미국으로의 이민사는 한국전쟁 이후 전쟁고아의 입양과, 한국에 주둔한 미군과의 결혼으로 본토로 이주하게 된 케이스 등

한눈으로 보는 미주 이민사

1. 초기 이민시대(1903~1944년)
- 1830년대부터 하와이 사탕수수 산업 발달
- 1882년 제물포 조약(미국과의 첫 공식적인 관계)
- 1890년경 하와이 전체 노동자의 80%를 일본인이 차지하자 조선인 이주로 정책 변경
- 1902년 갤릭호를 타고 102명 이주민 생활 시작
- 사진신부 제도가 생김
- 고된 노동과 일과 속에서 공동체 의식 싹틈
- 적은 월급(1불 25센트/하루)을 떼어 독립자금 모금
- 하와이에서 1,087명이 본토로 이주하면서 미국 본토에서 재미 한인들의 기초가 됨.

2. 중기 이민시기(1945~1964년)
- 한국전쟁 후 약 4만 명의 미군이 주둔하면서 젊은 미군들이 한국 여인과 결혼
- 1950년~1964년 사이에 6,000명이 미군과 결혼으로 미국으로, 2000년까지 약 10만 명
- 2002년까지 해외 입양 모두 15만 명
- 그중에 10만 명이 미국으로, 전체 재미 한인의 5%에 해당
- 유학생, 1965년까지 6,000명. 가족초청이 가능한 연쇄이민의 기틀 마련

3. 후기 이민시기 (1965년 이후)
- 1987년 대도시에 정착한 이주민
- 1987년 대도시에 정착, 대졸 이상의 전문직 혹은 칼라 계층이 주를 이루면서 신분상승의 욕구 실현하고자.
- 1980년대 후반부터 미국 이민 급격히 감소(한국경제성장, 민주화 실현)
- 21세기 한국으로의 역이민과 2, 3세대 한국 진출 증가
- 북한을 비교적 자유롭게 왕래하는 한인 디아스포라의 활약(교육, 구제, 의료에 기여)

한인사회도 범위가 넓어졌다.

1965년 이후는 후기 이민시기로, 이때는 대도시로 이주하는 이들이 늘고, 더 나은 삶을 찾아 온 유학과 이주 위주의 이민이 이루어졌다.

현재 미국 내 거주하는 한민족 디아스포라는 약 220만 명으로 그 숫자는 늘어나고 있지는 않다. 오히려 한국으로의 역이민이 증가하고 있다.

다른 나라의 이주 역사에 비해 미국의 이주사는 기독교와 연관이 깊으며, 지금도 기독교 신앙이 바탕이 된 삶은 디아스포라 선교에 커다란 역할을 할 수 있으리라 기대된다.

에네켄 농장의 슬픈 이야기, 멕시코 동포 이민사

한민족 디아스포라의 역사를 이야기하다 보면 어느 하나 눈물 없이 들을 수 있는 사연이 없지만, 그 중 특히 가슴 아프고 상처로 남은 이민사는 멕시코 이민사이다. 단 한 차례로 끝난 멕시코 이민은 일본의 조직적인 계략으로 인해 팔려간 '노예이민'이라고 할 정도의 슬픈 이민이었다.

1902년 하와이 이민으로 많은 한인들이 노동이민을 떠나면서 해외 이주에 대한 소식이 널리 퍼지게 되었다. 그때 묵국이라 불리던 멕시코 이민 소식이 들려오기 시작했다.

'저 묵국(멕시코)에 가서 일하면 돈을 갈고리로 긁어 모은다.'

[35)]멕시코 이민에 대한 기사가 신문에 실리고 사람들은 동요했다. 나라 사정이 혼란한 가운데 일자리도 턱없이 부족했을 때였다. 생각이 열려 있던 이들과 과장광고에 현혹된 많은 사람들이 멕시코 이민자를 모집한다는 공고에 응했고 그렇게 배에 올라탔다. 그리고 그 배는 두 번 다시 멕시코로 떠나지 않은 유일무이한 배가 되었다.

▶단 한 번의 이민, 1,033명의 멕시코 이민자들

제물포항에 모인 1,033명의 이민 신청자들. 그들은 근거 없이 흘러나온 소문을 그대로 믿고 멕시코로의 이주를 결단했다. 1,033명의 신청자 중에는 남자가 800여 명, 여성이 207여 명, 아이들이 24명이었으니, 아무래도 노동력을 갖춘 남성이 많았다.

1905년 2월 28일에 출발한 이민선 일포드(Ilford)호에 올라탄

1,033명의 이민자들은 저마다 사연을 안고 있었다. 가장으로서 돈을 벌어야 했던 사연, 더 이상 농사지을 땅이 없어서 어쩔 수 없이 일자리를 찾아간 사람의 사연, 의병활동을 하다가 활동할 길이 막혀 나라를 떠나게 된 사연 등 제각각의 사연을 안은 1,033명이 태평양을 건넜다.

이민자들을 태운 배는 40일간의 항해를 했다. 여객선이 아닌 화물선에 실린 이민자들은 항해 내내 화물선 밑바닥에서 짐짝 취급을 받았지만 그때까지만 해도 희망이 있었다.

[36]"조금만 기다리시오. 멋진 집과 뜨거운 밥이 기다리고 있소."

멕시코 이민은 제대로 된 통역자도 없는 답답한 길이었지만 인솔자가 내뱉은 이런 말은 긴긴 항해를 견디는 힘이 되었다. 1,033명 전원이 멕시코에 도착한 건 아니었다. 태평양의 거친 파도에 시달리는 긴 여정으로 체력은 축났고 그로 인해 신체는 쇠약해졌기에 이민자들 중 2명이 숨지는 안타까운 일이 발생했다. 반면 그 안에서 새로운 생명이 탄생하는 일도 있었다. 그로써 1,031명이 멕시코 땅에 발을 디뎠다.

한껏 기대를 안고 묵국으로 떠난 이민자들의 눈앞에 펼쳐진 광경은 기대와 너무 달랐다. 갈고리로 돈을 긁어모을 수 있는 풍성한 작물도 없었고, 따뜻한 환대도 아니었다. 그들은 자신들이 속아서 멕시코로 오게 되었다는 것을 금방 알 수 있었다.

▶노예처럼 살았던 에네켄 농장의 신음소리

이민자들 눈앞에 보이는 것은 선인장의 한 종류로, 사람의 키만큼 크고 삐죽삐죽 갈고리처럼 삐져나와 가시로 뒤덮인 '에네켄'이었다. 생전 처음 보는 식물, 한눈에 봐도 만지기가 두려운 에네켄 농장 곳곳으로 우리 동포들은 뿔뿔이 흩어졌다.

농장 관리인으로 보이는 사람이 나와 이민자들 중 몇몇을 뽑아 데려갔다. 힘을 잘 쓸 것 같은 사람들만 우선적으로 선발되는 것을 보면서 뭔가 잘못됐다는 것을 알아차렸다. 하지만 반항을 하거나 저항을 할 수도 없었다. 말이 통해야 항변도 할 수 있을 것이 아닌가. 또한 자신이 자원해서 온 형태였으니, 거짓 광고로 현혹시킨 일본을 탓하는 것 밖에 할 수 있는 일이 없었다.

이민자들은 도착한 그날 여러 에네켄 농장으로 흩어졌다. 당시 멕시코는 에네켄 관련 산업으로 호황을 누리고 있었다. 에네켄은 섬유질을 많이 함유하고 있는 식물이다. 여기서 섬유질을 뽑아내 술을 빚기도 하고 염료도 만들었다. 특히 에네켄은 고기잡이를 할 때 사용하는 밧줄의 원료가 되었기 때문에 인공섬유산업이 발달하기 전까지 에네켄은 다양하게 많이 활용되고 있었다.

에네켄 산업이 발달하면서 노동력이 필요했던 멕시코는 동양의 노동력으로 눈길을 돌렸다. 이때 국제이민 브로커인 마이어스가 에네켄농장주협회의 대리인 자격으로 중국과 일본 이민자를 모집하려 하였으나 멕시코 농장의 나쁜 평판으로 인해 실패하자, 일본의 대륙식민회사와 조직적으로 결탁하여 신문에 허위과장광고를 하고, 한국 이민자들을 속여서 이민선에 태운 것이었다.

이런 사실을 모르고 그곳에 왔던 우리 동포들은 처음 본 에네켄을 자르고 섬유질을 뽑아내는 중노동에 시달렸다. 질기기는 말할 수 없고, 특히 가시가 무척 단단하고 날카로웠던 에네켄을 잡고 자르는 과정은 가시와의 전쟁이었다. 그 [37]거칠고 날카로운 선인장을 손으로 잡다보면 손톱 밑으로 가시가 파고 들어가 피투성이가 되었다. 그 피를 닦을 사이도 없이 감독의 채찍을 피해 계속 일을 해야했던 우리 동포들은 제대로 상처를 치료하지도 못한 채 다시 작업을 해야만 했다. 그 손톱 밑에 박힌 가시는 계속 박혀 곪았고, 그 곪아터진 곳에 다시 가시가 박히는 등 말할 수 없는 고통에 시달려야 했다.

에네켄 농장에서 일하던 우리 동포들은 섭씨 45도가 오르내리는 불같은 무더위 속에서 두려움과 절망, 슬픔과 부당함을 견뎌야 했다. 이민자라는 이유로, 멕시코 토착원주민들보다 더 심한 대우를 받았는데, 매일 매일 할당된 양의 에네켄을 자르지 못하면 채찍질이 돌아왔다.

물론 농장마다 대우가 차이가 있었겠지만 대부분 중노동에 시달리고 있었고, 그 노동을 견디지 못해 도망치는 이들의 처참한 사연이 계속 들려왔다.

부당한 노동에 항의라도 하면 토굴에 갇히기도 하고, 며칠씩 굶기거나, 채찍질을 당하거나 심한 징벌을 받기도 했다. 고된 노동에 병이라도 들면 치료는 고사하고 가축보다 못한 대접을 받기도 했다.

이러한 38)이민의 참상은 전혀 알려지지 않다가 우연히 에네켄 농장 지역을 들르게 된 한 인삼판매 상인에 의해 그 참담한 현실이 조국에까지 알려지게 되었다. 이 소식을 전해들은 고종 황제는 매우 가슴 아프게 생각하며 정부 차원에서 구제에 나섰으나 역부족이었다. 정부에서조차 멕시코 이민이 속아서 가게 된 노예이민이란 것을 뒤늦게 알게 되었지만, 국력이 쇠한 나라의 정부로서는 외교적으로 힘을 발휘할 수 없었다.

고종 황제는 이민실태조사 차원에서 윤치호를 멕시코로 파견했지만 여비가 떨어진 윤치호는 수도인 멕시코시티에서 중도에 돌아올 수밖에 없었다. 나라는 있지만 국민을 돌볼 능력을 상실한 대한제국 정부였고, 일본 정부의 훼방으로 인한 결과이기도 했다.

이때 교회 차원에서 움직였다. 당시 상동교회 내 비밀스럽게 조직된 상동청년회와 미주지역의 한인 디아스포라를 중심으로 결성된 한인단체인 대한인국민회가 나섰다. 국민회에서 황사용과 방화중을 파견하여 이민실태를 조사하고 멕시코 한인들과 결집할 수 있도록 한 것이다.

안타깝게 1910년 한일합병이 되면서 이 구제사업도 더 이상 진행할 수 없게 되었지만 어쨌든 동포들을 향한 노력으로 멕시코의 슬픈 에네켄 농장의 한민족 디아스포라들은 조금의 위안이라도 받을 수 있었다.

▶고통 속에 꽃피운 공동체

멕시코 이민의 길에 오른 이주민들은 다양한 신분계층을 이루고 있었다. 인천, 부산 등지에서 거주하던 구한말 군인과 전직 관리, 소작농과 걸인, 양반과 천민 등에 이르기까지 다양한 계층이 섞여 있었다. 물론 그들이 농장에서 일할 때는 다 같은 노동자의 신분이었지만, 4년의 노예계약이 끝났을 때는 이주민들의 의식이 좀 달라졌다.

노예계약에서 풀려난 일부 이민자들과 탈출자를 중심으로 군인양성 운동이 일어났다. [39]1910년 멕시코의 메리다에 '숭무학교'가 생긴 것이다. 이러한 교육이 시작된 것은 미국과 중국의 한인사회에서 일어난 독립운동의 소식이 전해지고 조국의 한일합병 소식이 알려지면서 겪게 된 변화였다.

게다가 이민선에 오른 이민자들 중에 의병활동을 했던 이들이 다수 섞여 있었던 것도 이런 활동에 지대한 영향력을 미쳤다.

승무학교는 만주 지방에 개설된 '신흥무관학교'와 미국 네브라스카주의 '한인소년병학교', 하와이의 '국민군단사관학교'의 독립군 양성운동과 맥을 같이 하는 것이었기에 멕시코 한인들에게 조국의 독립에 동참하는 의지를 불어넣었다.

그 후 멕시코 이민사회는 조금 더 적극적으로 움직였다. 멕시코로 이민을 떠나온 한민족 디아스포라들을 하나로 결집시키는 메리다 지방회를 설립하게 된 것이다. 한인이 가장 많이 거주하는 지역인 메리다에서 지방회를 설립하여 공동체를 결성하고 한민족의 뿌리를 이어가기 위한 한글학교를 세우는 등 활동을 시작하자 다른 지역에서도 속속 지방회가 일어났다.

특히 1917년에는 세계에 흩어져 있는 우리 민족들을 돌보며 애국계몽운동을 펼치던 도산 안창호(1878~1938)가 멕시코에 머물면서 한인사회의 통합을 주도해갔다. 그 과정에서 멕시코 한인사회는 가장 크게 부흥했다. 한인회관을 건축하고, 국어학교를 세우고, 회사를 설립하는 등 다양한 활동을 전개해 나갔다.

하지만 안창호 선생이 고국으로 돌아간 뒤 메리다 지방회는 급격히 쇠락하게 되었는데, 멕시코 혁명 등 멕시코 내부의 정치 사회적 변화를 거치면서 이주민 사회도 점점 힘을 잃어갔다. 그 중 일부는 멕시코 혁명에 참전하여 멕시코 사회의 주류로 성장한 경우도 있었다.

한눈으로 보는 멕시코(중남미) 이민사

1. 계약노동자로 이주(1905~1909년)
- 1905년 4월 4일, 남자 800명, 여자 207명, 어린이 24명, 멕시코 노동자로 출발
- 유카탄 반도의 메리다(Merida)로 이송되어 24개의 에네켄 농장으로 흩어짐
  (에네켄 : 밧줄의 재료인 선인장, 자르고 섬유를 벗겨냄)
- 노동계약기간을 마친 뒤 일제의 침탈로, 돌아올 조국이 사라짐

2. 초기이민시기(1908~1920년)
- 계약노동기간 마친 뒤 돌아올 조국을 잃음
- 1908년 메리다 지방회 조직
- 1909년 멕시코한인교회 설립

3. 다시 흩어진 제2이주기(1920년 이후)
- 1921년 쿠바한인교회 설립

  1926년 쿠바한인감리교회 설립
- 쿠바 및 중남미 전역으로 흩어져 노동자 생활

4. 중남미 디아스포라의 형성(1960년~현재)
- 남미 이민(1962년 제1차 17세대 103명), 아르헨티나 이민(성공적 진출과 기독교 다수)
- 1963년 브라질 농업이민과 아르헨티나, 파라과이, 볼리비아 등으로 이주
- 중남미 한인 디아스포라 2세대 : 한국어, 현지어(포르투갈어와 스페인어), 영어 구사
- 의류업 등에 종사하는 중남미 디아스포라의 형성
- 1980년 이후 가족 초청, 투자이민 등으로 중남미 한인사회 성장세

▶멕시코에서 또 다시 쿠바와 중남미로 흩어지다

멕시코 에네켄 농장에서의 생활은 곤고했다. 노예와도 같았던 4년간의 노동계약에서 풀려나 자유의 몸이 된 한민족 동포들은 조국에 가고 싶어도 돌아갈 수가 없었다. 일본의 침탈로 이미 나라는 사라졌고 돌아갈 길도 막막했기 때문이다. 그들은 다시 일자리를 찾아야 했다. 그들이 일할 곳은 다시 에네켄 농장뿐이었다.

하지만 1921년, 더 이상 고통스런 노동을 견디지 못한 한인들은 또 한 번 이주를 결단했다. 당시 쿠바에 설탕산업이 성장하면서 이민사회에서 쿠바가 새로운 정착지로 떠올랐기 때문이다.

또 한 번 집단 이주가 시작되었다. '설탕 값이 금값'이라는 소문을 좇아 쿠바로 이주하게 된 한인 디아스포라는 모두 288명이었다. 그들은 쿠바에 꿈을 안고 갔으나 그들이 쿠바로 이주했을 때는 다시 설탕 값이 폭락하는 바람에, 그들은 또 다시 가장 밑바닥 생활을 하는 등 힘든 시절을 보내야 했다.

40)쿠바로 흩어진 288명 외에 다른 이주민들은 아르헨티나를 비롯한 중남미의 다른 나라로 뿔뿔이 흩어졌다. 살 길을 찾아 떠난 발걸음이었다.

멕시코 이민사회가 가장 부흥할 때는 1910년대 메리다 지방회가 설립되던 시절이었다. 하지만 그 후 각자 살 길을 찾아 흩어진 멕시코 한인 디아스포라의 삶은 한민족의 뿌리를 지키며 살기에는 역부족이었다. 특히 언어의 장벽을 넘기 힘들었던 그들은 현지인과 가정을 이루며 그 사회에 뿌리를 내리며 살아야 했기에, 한민족의 정통성을 이어가는 일이 매우 힘들게 되었다.

이민 1세가 한 사람도 남아 있지 않고, 단 한 차례로 끝난 멕시코 이민에 대한 무관심으로 멕시코의 한인 디아스포라는 현지 사회에 급격히 동화될 수밖에 없었다. 대부분 의류업이나 2차 산업에 종사하며 어렵게 살게 되었다. 특히 쿠바로 간 288명의 디아스포라들은 더욱 잊히게 되었다.

현재 멕시코를 비롯한 아르헨티나, 브라질, 과테말라 등 남미로 흩어진 디아스포라 3, 4세들은 1960년대 이후 중남미 전역으로 이주한 한인 이주민들과 함께 현지사회에 동화되어 살고 있다.

나라 잃은 슬픔과 고통 속 일본 이주사

가깝고도 먼 나라. 우리나라 근현대사에서 빼놓을 수 없는 나라는 일본이다. [41]1882년, 4명이 일본으로 이주한 것을 시작으로, 현재까지 진행되고 있는 일본으로의 이주사는 우리나라의 근현대의 얼룩진 역사와 함께 한다.

일본은 우리나라의 주권을 강탈하여 세계로 흩어진 한민족 디아스포라들로 하여금 돌아올 조국에 대한 희망을 앗아갔다. 나라를 잃었기에 돌아올 나라를 잃게 된 디아스포라들은 이주한 땅에서의 삶을 이어갔고, 현재에 이르게 되었다.

이전의 조선 역사를 볼 때 일본과의 갈등이 전쟁으로 얼룩지면서 서로 나라를 오고간 흔적은 있었다. 임진왜란 당시 도공을 비롯해 수많은 조선인들이 포로로 끌려간 것이 대표적이다. 하지만, 일본으로의 본격적인 이주는 구한말 시작되었다고 보는 것이 보편적이다.

한창 서양의 세력이 조선의 개항을 강요하는 가운데, 일본은 호시탐탐 우리나라를 점령할 기회를 보고 있었다. 나라의 정세는 풍전등화, 바람 앞의 촛불처럼 위태롭게 흔들리고 있었다. 이러할 때 일본으로의 이주가 시작되고 있었다.

▶빼앗긴 들에도 봄은 오는가

일본의 공식 통계에 따르면, 1882년 이름을 알 수 없는 4명의 조선인이 처음으로 일본 땅을 밟았다. 그러나 이것은 나라에서 인정한 공식적인 이민은 아니었다.

그 후 조선의 정세가 기울기 시작하면서 조선에 살고 있던 우리 동포들은 삶이 불안해졌다. 우리나라의 외교권이 일본에 의해 박탈당하게 되면서 불안함은 현실로 다가왔다. 더 이상 조선에서의 희망은 보이지 않는다고 생각한 일부 사람들과, 정치적인 활동을 펼치기 위해 조선을 떠나야 했던 이들 중 790여 명이 일본으로 건너갔다. 그때가 1909년이었다.

이때는 일본에서의 취업이 금지된 시기였기에, 건너간 이들은 공부를 하러 떠난 유학생들과 소수의 외교관, 정치 망명자가 주를 이루었다. 말하자면, 어지러운 시국을 떠나 차라리 조선 땅을 차지한 일본으로 떠난 것이다.

그리고 얼마 뒤 한일합병이 되었다. 한일합병이 되고 난 뒤 나라를 잃었다는 슬픔도 슬픔이지만, 막상 이 땅에서 터전을 가꾸고 살아가던 국민들 앞에는 더 현실적인 문제가 급하게 다가왔다.

한일합병과 함께 일본이 우리 땅에서 가장 먼저 진행한 일은 토지조사사업이었다. 명분은 그럴싸했다. 전국의 토지를 조사해서 소유를 분명히 한다는 목적이었지만, 이런 문서화 작업에 익숙하지 않았던 우리 민족에게는 너무도 생소한 일이었다. 어떻게 자신의 땅이라는 것을 증명하는지 몰랐고, 신고하는 방법도 몰랐던 터라 수많은 사람들이 자신의 땅을 빼앗겼다. 신고 되지 않은 땅은 국유화, 즉 국가의 소유로 삼았기에 하루아침에 일본에 땅을 바친 꼴이 되었다. 땅이 곧 재산의 전부이고 삶을 이어갈 본토가 되었던 농민들은 분노했고 절망했다. 하지만 나라 잃은 민족이 저항할 방법은 없었다.

그들이 선택할 수 있는 방법은 땅을 찾아 농사를 짓는 일이었다.

그때부터 농민들의 본격적인 일본으로의 이주가 시작되었다. 일자리를 잃은 농민들은 어디로 가야 할지 모색했고 가까운 일본행을 선택했던 것이다.

일본으로의 이주 역시 한인들이 부락 단위로 움직이곤 했는데, 오사카의 경우 제주도민들이 터전을 이루기 위해 선택한 곳이었다. 지금까지도 한인들이 많이 생활하는 곳이 된 데에는 이주 초기 배를 타고 가기 쉬운 곳이었기 때문이다.

[42]일본으로 이주한 우리 민족은 일본에서의 생활도 힘들었다. 소유하고 있는 땅이 없었고 가지고 있는 경쟁력도 없었다. 하지만 가는 곳마다 땅을 일구어 생활을 시작했다.

그러던 중 흩어진 민족들이 있는 곳에서 항일운동이 벌어졌고, 일본으로 건너간 유학생들 사이에서도 그러한 움직임이 일어났다. 1919년 3·1 만세운동이 일어나기 거의 한 달 전인 2월 8일, 동경의 유학생들을 중심으로 일본의 한국 점령은 부당한 일이며 조선의 땅을 불법점령하고 있는 일본을 규탄한다는 내용의 독립선언문이 선언되는 등 항일운동이 일본 곳곳에서 활발하게 진행되었다.

그렇다보니 일본으로 건너간 한민족의 생활은 더욱 어려워졌고 입지도 좁아졌다. 일본은 대놓고 한민족의 유입을 달가워하지 않았다. 1923년 광동대지진으로 많은 이들의 희생이 있었을 때는 한민족에게 원인을 돌리는 유언비어를 퍼뜨려 조선인 6천여 명이 학살당하기도 했다.

1929년부터 약 10년 동안, 전 세계적으로 경제공황이 찾아오자 일본의 경제력도 저하되었고, 일본은 입국자들을 강제적으로 막기도 하는 등 한인들은 차별 속에 생활해야 했다.

▶군수물자 생산에 동원된 강제징용과 강제징집

일본은 세계를 향한 야욕을 접지 않았다. 나라 밖으로 외세를 확장하려고 했기에 1930년대 들어서면서 전쟁을 통해 세계 점령에 돌입했다. 1931년 만주사변을 시작으로, 1938년 중일전쟁, 1941년 태평양전쟁에 이르기까지 전쟁의 야욕을 태웠다. 이렇게 나라를 전시체제로 바꾸면서 어느 때보다 군수물자 자원과 생산노동력이 필요하게 되었다.

43)막대한 노동력이 필요하게 된 일본은 식민지 국민들을 떠올렸다. 그들의 노동력을 활용한다면 군수물자 만드는 일은 어렵지 않았다. 이때부터 일본은 학교와 마을을 돌면서 일본으로 건너와 일할 노동력을 모집한다고 공고를 냈다. 말이 좋아 공고였지 실제로는 강제동원과도 같았다.

학교를 돌아다니며 일본 기업에서 사람을 모집한다고 소개했고, 그렇게 끌려간 노동력이 백만 명에 이르렀다. 이 속에는 아직 학생 신분인 어린 학생들도 끼어 있었는데 그들의 꽃다운 청춘은 일본으로 가서 소년병으로, 산업노동자로, 마루타로, 또 일본군 '위안부'로 강제동원 되었다.

일본은 계속되는 전쟁에 필요한 노동력으로써의 강제연행을 이어갔고, 특히 1941년 태평양전쟁을 일으킨 뒤에는 자국의 군수물자 부족을 충당하기 위해 조선을 병참기지화하며 강제연행의 절정을 이루었다. 수많은 이들이 강제징집 되자 우리나라는 경제 사회적으로 흔들렸다.

일본 산업현장에 투입된 한인들은 사할린과 도쿄, 오사카, 나고

야 등 국방산업, 토목, 건축, 방직 등에 종사하게 되었다. 끌려간 한인들은 폭력과 차별, 인권유린, 죽음의 위협 등 부당한 현실을 감내해야 했다.

▶일본 이주사의 또 다른 슬픔, 사할린 강제이주

일본의 강제징집, 강제징용을 이야기할 때 사할린 강제이주를 빼놓을 수 없다. 일제강점기가 거의 막바지에 다다랐을 즈음, 일본은 강제징집에 동원한 조선인들을 사할린에 강제연행 시켰다. 사할린은 일본이 사할린으로 강제이주 시켰던 우리 조선인들 일부를 다시 일본으로 강제이주 시켜 군수공장에서 일하게 함으로써, 온가족이 뿔뿔이 흩어지는 이산가족이 되게 한 곳이고, 많은 동포들이 해방 뒤에도 무국적자로 남겨진 아픔의 땅이기도 했다.

사할린은 당시 일본이 러시아에게서 빼앗은 땅으로, 전쟁을 위해 병참기지화한 곳이었다. 그곳에서 각종 군수물자들이 생산되고 있었다. 3만여 명의 우리 동포들이 그곳으로 끌려가 탄광, 비행장, 도로 건설, 군수공장 등에 투입되었다. 1944년 강제징용으로 끌려간 우리 동포들은 사할린에서 갖은 고생을 하며 노동의 세월을 보냈다.
그런데 태평양 전쟁의 막바지에 미군의 폭격으로 사할린의 군수물자들을 더 이상 선박으로 운송하는 것이 불가능해지자, 일본은 1944년 9월 사할린의 조선인 징용자들 중 3,190명을 다시 징용하여 군수기지가 있는 이바라겐, 규슈 지방으로 강제 이송하였다.

그러나 그들에게도 기쁜 소식이 들려왔다. 일본이 패전하고 조국이 해방을 맞은 것이다. 그동안 본의 아니게 일본 국민으로 살았지만, 나라의 해방 소식을 접한 그들은 두 가지 기쁨에 들떴다. 고국으로 돌아갈 수 있다는 것과, 이제 되찾은 조국의 국적을 취득할 수 있다는 것이었다.

하지만 기쁨도 잠시, [44]사할린에 강제징집 되어 간 우리 동포는 더욱 안타까운 상황에 처하게 됐다. 전쟁에서 패한 일본은 사할린의 4만 명의 일본인들을 일본으로 귀국시켰지만, 조선인 징용자들은 사할린에 그대로 방치했다. 자국 국민만 데리고 가면서 조선인을 방치해둔 것이었다. 우리 정부는 해방과 함께 힘을 쓸 여력도, 의지도 없었기에 그들에게 신경 쓰지 못했던 것이다. 그래서 사할린의 우리 동포들은 무국적자가 되어 그곳에 있을 수밖에 없게 되었다. 그 후 사할린 동포들은 누구도 돌보지 않는 방치 상태에서 뿔뿔이 흩어져 외로운 삶을 살아야 했다.

일본 측이 한민족 동포들이 고국으로 돌아가는 것을 막았던 것은, 해방 이후 한반도는 좌우익이 극심하게 대립하고 있었는데, 이주민들이 합류한다면 반일감정이 더욱 거세질 것을 염두에 둔 것이었다.

▶재일 한민족 디아스포라의 고민

사할린 강제징집과 달리, 일본으로 끌려갔던 우리 동포에게는 또다른 귀환의 문제가 생겼다. 일본이 태평양전쟁에서 패한 뒤, 강제로 끌려간 일본에서 듣게 된 조국의 해방은 누구보다 반가운 소식이었다. 그런데 이제 고향으로 돌아갈 수 있다는 희망을 안고 있었던 우리 민족에게 청천벽력 같은 소식이 들렸다.

일본 정부에서 의도적으로 그들의 귀환을 막았다. 재산과 관련한 법적 문제 등을 삼으며 귀국을 지연시킨 것이다.

'일본 거주 외국인들이 국외로 가져갈 수 있는 금액은 1천엔 이내로 제한한다.'

적게는 수 년, 많게는 수십 년 일본에서 이방인으로 살면서 어렵게 거처를 마련하고 재산을 모았는데, 1천엔만 가지고 고국으로 돌아가라는 것은 또 다시 모든 것을 빈손으로 시작해야 한다는 뜻이었다. 결국 210만 명의 일본의 한인 디아스포라 중 절반에 해당하는 104만 명만이 고국으로 돌아왔다.

해방 이후 일본에 잔류하게 되어 일본에서 삶을 이어가게 된 한인 디아스포라들의 삶은 그때부터 더 아프고 복잡한 차별 속에 놓여야 했다. 한국으로의 이주를 의도적으로 막은 일본은 재일한국인을 자국의 국민으로도 받아들이지 않았다. 일본의 대외국인 동화정책으로 소수민족을 인정하지 않은 것이다. 그러다보니 제도나 구조적인 차별을 서슴지 않았으며 한인들은 하위계층으로 취급당했다.

미군정이 일본을 통치할 때는 '외국인 등록령'을 통해 모든 외국인이 등록하게 되었는데, 1952년 일본의 주권이 회복되자마자 일본은 다시 재일한인에 대한 차별정책을 펼쳤다. 당시 재일한인의 국적을 박탈하고, 전범을 골라 장기적으로 수감시키거나 처형하면서도 재정에 부담이 가는 재일한인들의 권리나 혜택은 배제하는 등 차별을 자행했다.

일본이 한국과 수교하게 되는 1965년까지, 일본으로 간 한민족 디아스포라는 무국적 상태로 살아야 했다. 강제징집으로 끌려간 이민 1세대는 나라를 되찾으면 곧 고국으로 돌아간다는 생각이 컸기에 국적 박탈과 같은 차별에는 큰 관심을 두지 않았다. 하지만 고국으로 돌아가려다가 1천엔 이상은 가지고 나갈 수 없다는 일본의 정

 1. 1882년~ : 4명의 이주, 유학생 등의 유학을 위한 일본 이주

  1910~1938년 : 일본의 토지조사사업으로 몰락한 조선 농민층이 일본으로 유입

  (1915년 3,917명→1920년 30,189명, 절대다수 남성 농민)

 2. 1938~1945년 : 만주사변과 중일전쟁 승리한 일본, 대동아공영제, 태평양전쟁 중 강제연행 조선인 72만 명, 군인과 군속 36만 명으로 약 100만 명. 여성 20만 명(일본군 '위안부' 8만 명 포함)

 3. 1945~1989년 : 해방 후 자발적 정착

  일본의 패전 당시 재일동포는 230만 이상 추정

  1947년 외국인 등록령에 의해 일본에 잔류한 한국인 외국인으로 간주

  이전의 국적인 조선으로 등록, 1965년 한일수교 후 재등록 가능

  강제연행과 징집의 결과로 외국인으로 전락해 모든 권리 박탈

 4. 1989년~현재: 여행자유화에 따른 자유로운 이민

  외국여행자유화와 일본의 경제호황으로 일본으로 이민(이들은 '새 세대'라고 불림)

책 때문에 어쩔 수 없이 일본에 눌러앉게 된 1세대와는 달리, 2~4세들은 일본 땅에서 태어나 일본에서 자리 잡고 살아가야 했으므로 일본의 불합리한 처사와 차별에 대해 강력하게 반발했다. 그로 인해 재일한인사회는 더욱 갈등으로 얼룩졌다.

45)일본에 이주한 한민족 디아스포라는 한국의 해방 이후 돌아갈 방법이 여의치 않자 사회단체를 조직해서 한인사회의 결집력을 강화했다. 한국전쟁 이후 북한을 지지하는 재일한인 사회단체인 총련(조총련)과 한국을 지지하는 재일한인 사회단체인 민단(한국민단)으로 나뉘어 활동했다. 하지만 지향하는 바가 달랐기에 대립하는 과정이 이어졌는데, 일본 정부는 이에 대해 차별정책을 보였다.

1965년 한국과 일본의 관계가 정상화되었다. 일본은 그제야 대한민국을 UN이 인정한 한반도의 유일한 합법정부로 인정하면서 대한민국 국적을 선택한 한민족에게만 협정 영주권을 부여했다. 대한민국 국적 선택을 포기하거나 거부한 총련계 한인들은 여전히 무국적 상태로 남게 된 것이다. 1982년 그들의 기본적인 지위가 회복되기까지는 35년이란 세월이 지나야 했다.

일본의 한민족 디아스포라들은 한인사회를 결성해서 살아가면서 끊임없이 일본 정부와 사회로부터 차별을 견뎌내야 했다. 특히 한인 2~4세들 사이에서 정부에 대한 강력한 반발이 행동으로 나타나게 되었고, 46)1970년 재일한인 박종석의 취업차별철폐운동은 큰 성과를 거둘 수 있었다. 한국 국적을 지닌 이주민, 즉 일본 국적이 아니라는 이유로 취업이 취소된 것에 우리 민족 모두가 항의했고, 이에 히타치 기업이 박종석의 입사를 허락했다. 이를 통해 우리 한민족의 힘을 보여주기도 했고 이 사건은 재일한인들의 인권에 대한 관심을 증대시켰다.

2016년 현재 일본 사회에 재일 한민족 디아스포라는 약 85만 명에 이르고 있다. 4명으로 시작된 일본 이주가 지금은 85만 명이 넘는 거대한 이주사회로 발전했다. 재일 동포들은 이제 3, 4세까지 이어지는 디아스포라 사회를 형성하면서 일본의 국제화와 함께 다문화공생을 고민하고 있다.

예전과 같이 국적 때문에 차별을 당하는 사회적 문제가 아닌, 국적과 민족이 서로 다른 사람들의 문화적 차이를 인정하고 대등한 관계를 맺어 함께 살아가는 사회로 만드는 문제 앞에 놓여 있는 것이다.

파독 광부와 간호사들로 시작된 독일 이주사

47)독일과 조선과의 인연은 1883년, 조선과 독일이 조독수호통상조약을 맺으면서 시작되었다. 독일인 묄렌도르프(Paul George von Möllendorff, 1848~1901)가 고종의 재정고문이었고, 조선에도 독일에 대한 약간의 정보가 형성되기 시작했다. 그러던 중 1898년 9월, 독일어학교가 생기고 한국에서도 독일어 교육을 시작하게 되었다.

이때 이미륵을 비롯한 한국 유학생 몇몇이 독일의 땅을 밟았다. 그들은 조선에서 공부하면서 독립운동에 참여하는 등 깨어있는 지식인이었고, 일본의 탄압을 받게 되면서 상해를 거쳐 독일로 갔다.

이미륵은 3.1운동에 가담했다는 이유로 쫓기고 있었기에 주변의 권유로 독일로 향했던 것이다. 그는 독일에 있는 몇몇 한국 유학생과 '베를린 한인회'를 조직하여 활동을 했다. 독일 베를린 학생들을 중심으로 결성된 '유덕고려학우회'는 학생들의 자치와 상호 친목도모, 상해 임시정부의 활동을 알리기도 했다.

또한 이미륵은 자신의 정체성을 담은 소설 『압록강은 흐른다』를 발표하여 반향을 일으키기도 했다. 『압록강은 흐른다』는 '독일인보다 더 독일어다운 문체'라는 평가를 받았다.

▶노동력이 필요했던 독일과 일자리가 필요했던 한국

1960년대, 한국은 6.25 한국전쟁 이후 경제발전에 집중하는 시기를 맞았다. 한국은 전쟁으로 폐허가 된 땅을 복구하고 국가를 발전시키는 데 주안점을 두었기에 정부 주도의 경제개발 계획을 수립했다. 1960년대 초까지 우리나라는 전후복구와 경제개발에 필요한 투자를 대부분 미국의 원조에 의존하고 있었는데, 1950년대 말부터 국제수지 악화와 달러의 해외유출 급증에 따라 미국은 무상원조를 유상원조로 전환하기 시작했다.

한국의 경제상황은 아주 좋지 않았다. 공장을 지으려 해도 돈과 기술이 없어서 지을 수가 없었다. 일자리가 없어서 실업률이 40%에 육박했고, 1인당 국민총생산(GNP)은 79달러였다. 필리핀(170달러)과 태국(260달러)에도 크게 못 미치는 수준이었다.

이런 상황에서 한국 정부는 미국 외에 서방국가의 도움이 필요했다. 이때 서독이 원조의 공여자로 나섰다. 당시 서독은 동독과 나뉜 상황에서 '라인강의 기적'이라 불리는 비약적인 경제발전을 이루었고, 산업발전과 함께 실업률 0%의 완전고용상태가 되면서 노동력이 부족한 상태가 되었다. 원래 독일은 부족한 노동력을 터키 등 유럽 내에서 공급받았으나 1960년대 들어 정치적 이유로 노동력 공급이 중단되었다. 무슬림 국가의 경우 여성의 노동이민에 부정적이었기 때문이다. 이로 인해 독일 내 병원의 간호인력과 탄광의 노동인력이 절대적으로 부족한 상황이 되었다.

이런 배경 속에서 1961년 3월 18일, 한서독 기술원조 협정이 체결되었다.

당시 [48]한국은 실업자가 많이 발생하고 있었기에 광부 5천명, 간호사 2천명을 보내달라는 독일의 제안에 흔쾌히 응했다. 외화가 필요했고, 실업률도 낮추며, 북한과 대치 상황에서 서방과 견고한 유대관계를 유지한다는 세 가지 이유에서 한국은 노동자를 파견할 수밖에 없었던 것이다.

이에 파독 광부와 간호사 모집 공고가 붙었다. 특히 1차 광부 모집에 응한 이들 중 대졸(전문대 포함) 24%, 고졸도 50%에 이를 정도로 우리나라의 실업문제는 심각했다. 또한 간호사의 경우도, 간호학교 1차 모집에 엄청난 지원자들이 몰려들어 과연 일자리에 대한 열망이 얼마나 느는지 짐작할 수 있다.

그렇게 1963년 1차 모집에 2,895명이 지원한 뒤 최종 합격자 257명이 선발되었다. 그 중 1진 127명이 1963년 독일로 출발했고, 간호사는 가톨릭교회의 협조로 1966년 최초로 128명이 독일로 파견되었다.

그 후 계속되는 파독 광부와 간호사의 이주로 총 7,936명의 근로자와 약 1만여 명의 간호사가 독일로 이주하는 이주 역사가 시작되었다.

▶죽음의 막장에서 희망을 캐어내던 파독 광부들

[49]"기왕에 광부의 신분으로 이곳에 왔으니 광부의 굳은 신념 없이는 앞으로 광산 일을 하는데 어려운 일들이 많이 가로막을 것입니다. 독일의 라인강, 국민성, 성실, 근면성을 배워 한강의 기적을 이루는 역군들이 되도록 부탁드립니다."

광부들과 함께 독일에 도착한 노동청 관리관은 이렇게 격려사를 보냈다. 독일로 간 광부와 간호사들은 모두 3년 계약을 맺고 있었다. 한마디로 일시적인 디아스포라였던 셈이다.

광부 파견은 한독 양국의 이해관계가 맞아 떨어진 결과였지만, 3D 업종의 하나인 광산 일 앞에서 우리 동포들은 고된 나날을 보내야만 했다.

소위 '막장'이라 불리는 광산으로 가게 된 광부들은 새벽부터 밤까지 막장에서 일했다. 막장은 갱도가 만들어지지 않은 상태에서 구멍을 파고 들어가면서 갱도를 받치고 작업을 해야 하므로 가장 위험한 곳이었다. 언제 무너질지 모르는 곳이므로 광부들은 안 가고 싶어 하는 곳이었으나 파독 광부들은 목숨을 내놓고 들어가 일해야 했다.

새벽 4시에 시작되는 광산의 일은 화약 발파, 갱도 보수와 같은 위험을 감수한 일이 대부분이었다. 육체적 노동도 그렇지만 무엇보다 힘든 것은 언어적인 소통이 안 되는 것이었다. 그들은 마치 죄수복에 쓰여 있는 죄수번호처럼 번호로 불렸고, 한 번 막장에 들어가면 일이 끝날 때까지 나오지 못하는 시스템에 익숙해져야 했다.

50)파독 광부들은 대부분 고학력자들에다 광부 모집 체력검사에서 쌀가마니 들기 등의 시험에 통과한 사람들이었으나, 광산 일이라고는 경험해보지 못한 이들이 대부분이었다. 그래서 광부로 파견된 우리 동포들은 말 그대로 사투를 벌여야 했다.

새벽 4시에 일어나, 가난에서 벗어나자는 굳은 각오로 정신무장을 한 뒤, 밥 대신 입에 맞지 않는 빵과 과일로 아침을 해결하면 5시, 출근시간이 되었다. 일하는 광산의 탈의장에 가면 공중에 주렁주렁 매달려 있는 흉측스런 옷을 꺼내 입었다. 각자에게 부여된 고정번호가 적힌 봉급 카드에 도장을 찍고, 특수 제작된 안전신발에 안전모, 충전된 전등과 장갑, 무릎보호대와 앞정강이 보호대, 내리막길 엉덩이 보호대와 4리터 정도의 물통과 식사대용 빵을 들고 막장으로 내려갔다.

지하 500~1,000미터까지 지하승강기를 타고 내려간 뒤 작업이 시작되었다. 1.2~2.5미터 높이의 굴로 들어가 8시간씩 일하면 후끈한 지하의 열기 때문에 온몸이 달아올랐다. 각종 먼지와 분진, 탄가루 등으로 휩싸여 누가 누군지 알아볼 수조차 없게 되었다. 게다가 말이 통하지 않는 동양에서 온 노동자에 대한 곱지 않은 시선 때문에 무시도 많이 당해야 했다. 다른 외국 광부들의 모욕적인 발언에 인격적인 모독을 당하는 일은 일쑤였다. 눈물 젖은 빵을 먹으며 설움을 달랬고 언제나 위험 요소가 다분한 막장에서 사고사는 다반사였다.

어떤 사람은 화약이 터져 막장에 수장되기도 했고, 어떤 이는 짊어지고 나르는 무거운 쇠동발에 다리가 잘리기도 했다.

그렇게 하루를 무사히 보내고 지상으로 올라오면 그리운 고국을 생각하며 그리움을 달래다가 하루를 마감했다. 그러나 생활력 강한 한국인 광부들은 연장근무도 자처했다. 가난에서 벗어나는 것이 가장 큰 목적이었고 어떻게든 돈을 벌어야겠다는 마음뿐이었기에, 중노동 8시간을 이어서 16시간씩 막노동에 시달리는 일도 많았다. 지하에서 일하고 먹고 마시고 용변을 보며 버텼고 죽음과의 싸움을 벌여야 했다.

쇠기둥을 붙잡고 많이 울기도 했다는 우리 동포들은 탄가루 묻은 빵을 먹으며 가족을 위해, 국가를 위해 일했다.

한 달 평균 월급은 600마르크였는데, 한국에서 이 돈이면 쌀 10가마에 해당하는 돈이었다. 그들은 그 월급 외에 다른 일을 하며 악착같이 돈을 모았고, 자신을 위해서는 최소한의 생활비만 남겨두고 모두 고국으로 보냈다.

그들의 송금액은 한국 정부로서는 고마운 외환이었다. [51]파독 광부와 간호사의 수입은 1970년대 한국 경제성장의 '종자돈' 역할을 했다. 이들이 한국으로 송금한 돈은 연간 5,000만 달러로 한때 한국 GNP의 2%에 이르렀을 정도였다.

날마다 새벽마다 "살아서 만나자(그뤽 아우프)"고 인사하는 흉흉한 막장에서 노동자로 살았던 한민족은 그렇게 독일 땅에 새롭게 터전을 일구었다.

▶ 저먼 드림(German Dream)을 꿈꾼 간호사들

"피아노 치러 갑시다."(이 말은 간호사들이 있는 기숙사로 놀러가자는 뜻이었다)

독일로 간 한국인 광부들에게 유일한 낙이 있다면 바로 동포들을 만나는 것이었다. 비슷한 시기에 파독 간호사들이 대거 독일로 들어가면서 광부와 간호사는 서로에게 의지가 되었다.

광부들이 매순간 막장에서 죽음과의 사투를 벌였다면, 파독 간호사들은 고된 노동과 사투를 벌였다. 외국 병원의 간호사로 새로운 삶을 꿈꾸던 간호사들은 독일에 도착하자마자 언어의 벽에 부딪히며 한직으로 물러나야 했다. 환자들과의 소통, 의료진과의 원활한 소통이 되지 않는다는 이유로 환자 목욕시키기, 옷 갈아입히기, 대소변 돕기, 식사 보조 등의 병원 허드렛일을 도맡아야 했던 간호사들의 삶 역시 고된 노동의 연장이었다.

파독 간호사들은 전문적으로 간호사 교육을 받고 간호사 면허를 받은 전문인력들이었다. 전문 교육을 받은 전문인력이었고, 파독을 위해 시험까지 치르고 어렵사리 합격하여 독일로 왔으나 처음에는

간병인에 가까운 업무를 주로 했던 것이다. 이것은 간호와 간병을 겸하는 독일식 간호 업무의 특징이기도 했다.

간호 여성들의 하루하루는 고되고 눈물 마를 날이 없었지만, 한국인 특유의 친절함과 성실함을 잃지 않아 항상 인기가 있었고, 독일 사람들로부터 '동양에서 온 연꽃-로투스 블루메(Lotus-Blume)'라는 별명까지 얻게 되었다.

독일로 온 간호사들은 저마다 저먼 드림(German Dream)을 안고 있었다. 물론 가족이 진 빚을 갚기 위해 온 사람도 있고, 가난에서 벗어나고자 큰 딸로서 책임감에 오기도 했지만 어쨌든 다들 꿈꾸는 미래가 있었던 것이다.

그래서 다들 악착같이 일했다. 한국인 간호사들은 오전 오후 야간반으로 나누어 격주 5일 근무를 했는데, 야간반은 야간 수당이 있는데다 3주 근무하면 2주간의 휴가가 주어지기 때문에 인기가 많았다.

52)"정말 수도 없이 야근을 했습니다. 오후 8시부터 다음날 오전 6시까지 신생아 병동에서 아기 기저귀를 갈고 우유를 먹이고 목욕을 시켰습니다. 이렇게 15일간 야근을 신청하면 10일을 쉴 수 있었는데 그 쉬는 동안 다른 병원에서 야간 근무를 했습니다. 그렇게 두 군데에서 번 수입은 한 달에 1,200마르크 정도 되었습니다. 그 돈을 받아 방값, 식대 내고 나면 천 마르크는 손에 쥘 수 있었는데 그 중 800마르크는 한국으로 보냈습니다. 다들 저만 바라보고 살았거든요."

어느 한 사람의 삶이 아니라 대부분의 간호사들이 이런 생활력을 보였다. 외국 사람들에게 이런 한국인은 악착같고, 돈만 밝히는 사람으로 보이기도 했다. 하지만 악착같이 일한 근성으로 3년의 계약

후 독일에 남아 공부를 하기도 하고 자신만의 삶을 꾸려가는 등 독일에서의 정착을 해나갈 수 있었다.

[53]"광부 여러분, 간호사 여러분. 조국의 가족이나 고향 땅 생각에 괴로움이 많을 줄로 생각되지만, 개개인이 무엇 때문에 이 먼 이국에 찾아왔던가를 명심하여 조국의 명예를 걸고 열심히 일합시다. 비록 우리 생전에는 이룩하지 못하더라도 후손을 위해 남들과 같은 번영의 터전만이라도 닦아 놓읍시다."

1964년 12월 10일 박정희 대통령 내외도 독일을 방문해서 독일로 간 우리 동포들과 만나 이렇게 격려했다. 인근 탄광과 병원에서 일하던 400여 명의 광부와 간호사들은 대통령의 방문에, 함께 아리랑을 부르다가 목이 메어 울기도 했다.

▶독일에 뿌리내리거나 유럽으로 흩어지다

[54]우리나라의 파독 광부, 파독 간호사 정책은 1977년까지 계속되었다. 그러는 동안 광부와 간호사 18,000여 명이 독일로 파견되어나가고 들어오기를 이어갔다. 왜냐하면 광부나 간호사나 노동계약이 3년이었기 때문이다. 그들은 3년의 기한을 채우면 돌아와야 했다. 독일 정부가 단기방문 노동자(Gastarbeiter) 제도로 3년이란기한을 둔 것은, 이민족이 독일에 정착하는 것을 막기 위해서였다. 이미 다른 민족이 독일에 정착하는 과정에서 사회적 문제가 일어났는데, 그것을 방지하기 위해 더 이상 갱신이 없는 3년 계약을 고집했던 것이다. 그렇기에 몇몇 소수의 예외를 제외한 3천 명의 광부는 계약 원칙대로 3년마다 교체되는 형식이었다.

그러나 독일로 간 우리 동포들은 고국으로 돌아오는 것을 원치 않았다. 돈을 더 벌기 위해서였다. 그래서 3년 노동을 마치고도 독일에 남아 있거나, 제3국으로 이민 가는 일이 많아진 것이다.

독일에 남아 있는 소수도 있었다. 독일 여성과 결혼해서 안착하는 경우, 광산에서 통역이나 사무원으로 일한 이들, 노동을 마치고 그간 저축한 재정으로 유학을 하겠다는 경우 등 독일에 남아 독일의 한민족 디아스포라를 형성하며 살았다.

간호사들은 좀 달랐다. 그들도 3년 기한으로 계약이 되어 있었지만 오히려 그녀들을 고용했던 독일병원들이 계약 연장을 원했다. 그동안 언어와 병원생활에 익숙해진 시기였기에 기대한 목적의 능력을 발휘할 수 있었다. 그래서 그들은 계약을 연장했고 그것은 사실상 무기한으로 허용된 셈이었다. 이로 인해 독일의 외국인 노동력 수입정책에 변화가 일어나게 된 것이다. 간호사들이 무기한 체류가 가능하게 되니 광부들과 간호사들의 결혼도 잦아지면서 독일사회의 한국 이민사회는 자연스럽게 형성될 수 있었다.

이렇게 시작된 독일 이주사는 독일에 체류하며 살게 된 한민족 디아스포라를 비롯하여, 1982년 이후 독일이 유학생 시험제도를 철폐한 후 독일로 떠난 유학생들의 급증, 한국 기업의 독일 진출 등을 통해 독일로 이주한 사람들이 합류하여 한인사회를 이루었다.

또한 1970년대 광부 생활을 마치고 한국행을 선택하지 않은 이들은 독일 이외의 유럽 지역으로 흩어져 한인사회를 이루며 디아스포라의 흩어짐을 보여주었다.

한눈으로 보는 독일 이주사

 1. 1883년 : 조독수호통상조약 체결

 2. 1919년~3·1운동에 가담한 이미륵을 비롯한 몇몇이 독일 유학길
에 오름

　　　베를린 한인회를 조직하고 한인회보 등을 만들어 한국의 소식을
알림

 3. 1963년~ 한국 정부, 서독과 1961년 기술협정 체결

　　독일, 노동력 부족으로 한국에 광부 간호사 파독 요청

　　파독광부 간호사 인력 송출

 4. 1970년 중반~ 유학생과 주재원의 합류

오세아니아주로 흩어지는 한민족

호주의 한인사회 역사는 60년을 넘어선다. 사실 그보다 더 이전에 호주로의 이주가 시도되기도 했지만 호주에서 인정한, 호주 정부가 한국인을 시민으로 인정한 시기를 기준으로 할 때 공식적으로 1957년을 공식이민의 해로 본다.

55)호주와 한국의 인연은 이 땅에 복음의 씨앗이 뿌려질 즈음, 복음을 들고 온 선교사로부터 시작되었다. 1889년, 조셉 헨리 데이비스(Joseph Henry Davies, 1856~1890) 목사가 자신의 누이 메리 데이비스(Mary T. Davies, 1853~1941)와 함께 조선에 입국했다. 데이비스 선교사는 조선에 거주하면서 인재양성을 강조했는데, 많은 교회와 학교를 세워 현대식 교육을 전개시켜 나갔다. 또한 100여 명의 호주 선교사를 한국으로 파송하여 기독교 교육 의료 인권 민주화 등에 헌신하도록 이끌었고, 그의 활발한 선교 활동을 통해 호주라는 나라가 우리에게 소개될 수 있었다.

▶호주와의 인연의 시작

우리 동포 중에서 호주 땅을 처음 밟았던 이는 김호열이다. 그는 당시 20세 청년으로, 데이비스 선교사가 세운 마산포의 한 중학교의 교사였다. 데이비스 선교사는 그에게 영어 공부를 권유했고, 일본 여권을 가지고 1921년 9월 6일 호주에 입국했다. 그러다가 5년 뒤인 1926년 여성 유학생 양한나, 1934년에는 심문태 목사를 비롯한 의사, 간호사 등이 연수를 목적으로 호주를 방문했다.

처음으로 호주로의 이주를 시작한 김호열은 멜본 대학교에서 학교 행정을 공부했으나, 안타깝게도 꽃을 피워보지 못한 채 짧은 생을 마쳤다.

이후, 호주와의 인연은 좀처럼 이어지지 않다가 1940년대 일제에
의해 강제징병 된 우리 민족이 전쟁포로로 호주에 체류한 기록이
남아 있다.

하지만 호주로의 이민은 그보다 더 뒤에 시작되었다.

▶첫 시민권자의 탄생

당시 호주는 백호주의 정책을 펴고 있었다. 백호주의란 백인 우
월주의를 표방한 정책으로, 유색인종을 사회에 참여시키지 않겠다
는 호주 정부의 의지였다. 이런 배경 속에서 다른 나라에서 이주해

온 이주민들이 정착하는 일은 쉬운 일이 아니었다.

그러던 중 6.25 한국전쟁이 일어나고 한국에 연합군이 주둔하게 되면서 한국전에 참전한 호주 군인과 1956년 결혼한 [56]한국 여성이 나오게 되었다. 곽묘임씨는 용감하게 호주로 이주를 선택했고, 남편 리처드 가렛과 함께 호주 시민권을 얻기 위해 노력한 결과, 1957년 시민권을 얻을 수 있었다. 이것이 호주가 인정한 첫 정식 이민이다.

그 뒤 닫혀 있던 호주의 문이 조금씩 열리기 시작했다. 아시아 태평양 국가들의 경제발전을 논의하고 개발에 대해 기술적 재정적 원조를 제공하기 위한 호주의 '콜롬보플랜'이 발표되면서 이주민들이 호주 사회로 들어온 계기가 되었다.

이 제도는 오늘날 호주이민의 근간이 되었는데, 1962년 한국이 회원국이 되면서 호주 정부의 지원을 받았다. 그러면서 호주는 광산개발 붐이 일어났다. 산업 경제가 활발해짐에 따라 다양한 직업의 한인들이 호주로 이주했다. 물론 이때까지 장기체류가 불가능했다. 3개월에서 1년 관광비자로 지내야 했기에 대부분 불법체류 신분으로 취업을 하며 생계를 유지해야 했다.

이때 호주로 흘러 들어온 이들은 1960~80년대 독일, 베트남, 중동 등지에 계약노동자 신분으로 이주했던 한인들의 재이주가 많았다. 또한 1970년대 중반 들어서는 월남으로 보내진 기술자를 비롯한 현역 제대한 취업자들이 대거 호주로 이주했다. 그들 이민 1세대들은 '구포'세대로, 주로 경제력 때문에 흩어진 이들이었기에 다양한 업종, 서비스 업종에 종사하며 살았다.

▶투자이민, 사업이민으로 확대

호주 정부도 이제 이주민들의 유입을 막을 수 없었다. 불법체류자의 신분으로 취업을 하는 이들이 늘어남에 따라 정부에서 사면령이 내려졌고 그들이 영주 비자를 취득하게 되면서 호주로의 **이주는 본격화되었다.**

이때 가족초청으로 대규모 가족이민이 이루어졌고 2차 사면령이 시행되었을 땐 합법적으로 호주 사회에 정착할 수 있었다.

1986년부터는 이주의 형태가 바뀌었다. 한국 역시 한강의 기적을 이루며 경제적으로 발전했고, 그로 인해 투자이민 방식으로 바뀌었다. 1990년대 들어 사업이민으로 전환되면서 더 많은 이들이 투자와 사업을 목적으로 호주 사회로 편입되었고, 이와 함께 워킹홀리데이 비자로 입국하는 젊은이들이 유입되는 등 한인사회는 역동적으로 변했다.

하지만 호주 내 한민족 디아스포라는 '구포'와 '신포'라 불리는 구이민자들과 신이민자들 사이의 갈등을 겪어야 했다. 대부분 취업을 목적으로 한국을 떠난 20~30대를 '구포' 세대라고 하고, 투자나 사업을 목적으로 높은 삶의 질을 찾아 떠난 세대를 '신포'라고 하는데, 두 세대 사이에 갈등이 생긴 것이다. 신포 세대에는 비교적 경제적 여유가 있는 노년 장년층이 많고 전문직이나 고수익 사업가가 많았고, 신포 세대는 호주로 일자리를 찾아 떠난 젊은 층들이 많았기에, 아무래도 두 집단 사이에는 이민의 목적이나 사고방식의 차이가 많았고, 두 세대 사이의 화합을 위해 많은 노력을 기울여야 했다.

현재 호주 내 한민족 디아스포라가 지닌 문제 역시 아직 해결되지 않은 세대 간의 갈등이 주를 이룬다. 다행히 한인들의 활약이 눈부셔서 한인 차세대들 중 각 분야에서 눈부신 활약을 하고 있는 것은 반가운 일이다. 호주 한인 사회에서는 부모세대가 경제적으로 정착하고 한인사회를 위해 노력했던 것에 반해, 자녀들은 정치 경제 사회 등 전반적인 분야에서 위상을 높이고 있다.

지역별	국가별	2009	2011	2013	2015	백분율(%)	전년비 증가율(%)
동북아시아	일본	912,655	913,0978	893,725	855,725	11.91	-4.19
	중국	2,336,771	2,704,994	2,585,993	2,585,993	35.99	1.47
	소계	3,249,426	3,618,091	3,467,057	3,441,7189	47.90	-0.73
남아시아태평양		461,127	453,420	485,836	510,633	7.11	5.10
북미	미국	2,102,283	2,075,590	2,091,432	2,238,989	31.16	7.06
	캐나다	223,322	231,492	205,993	224,054	3.12	8.77
	소계	2,325,605	2,307,082	2,297,425	2,463,043	34.28	7.21
중남미		107,029	112,980	111,156	105,243	1.46	-5.32
유럽		655,843	656,707	615,847	627,089	8.73	1.83
아프리카		9,577	11,072	10,548	11,583	0.16	9.81
중동		13,999	16,302	25,048	25,563	0.36	2.06
총계		6,822,606	7,175,654	7,012,917	7,184,872	100	2.45

재외동포 현황 총계, 출처 : 외교부, 2014. 12. 31. 기준

제3장(chap.3)
한민족 디아스포라와 복음

흩어진 한민족 디아스포라들은 이주한 곳에 교회를 세웠다.
그들을 하나로 모은 공동체.
그들을 이어준 복음의 진리.
디아스포라는 흩어진 사도로서
천대를 이어갈 신앙의 선구자를 꿈꾸었다.

만주에 세워진 최초의 예배 공동체

하나님은 예배를 기뻐하신다. 본격적인 흩으심이 있기 전, 이 땅
에서 나간 소수의 한인들에게 복음을 접하게 하셨고, 그들을 통하
여 조선에 복음의 통로를 여셨다. 한민족을 흩으시기 이전, 하나님
은 먼저 우리 민족을 예배의 도구로 사용하셨다. 최초의 한민족 예
배 공동체는 만주에서 시작되었다.

만주는 본격적인 이주가 이루어지기 전부터 한인들 몇몇이 국경
을 넘나드는 곳이었다. 새로운 문물이 들어오는 그곳에서 교역을
하곤 했는데, 기독교 역시 그들에게는 새로운 사상이었다. 만주에
는 이미 서양 선교사들이 들어와 복음을 전하고 있었다. 그 중에서
도 특히 로스 선교사(John Ross, 1842-1915)는 조선 선교의 가능
성을 타진 중이었다. 그는 중국 선교사로 파송되어 활동하면서도
조선 땅에 대한 관심이 많았다.

그러던 중 만주와 조선을 자유롭게 왕래하는 우리 한인들과 만날
수 있었고, 로스는 그들에게 복음을 전하며 선교의 물꼬를 텄다. 이

응찬을 비롯한 젊은이들에게 한국어와 한국 역사를 배우며 복음을 전했고, 그렇게 그들은 한국 개신교 신자들이 되었다.

만주에서 세례를 받은 이응찬 등은 문물교류를 수행하던 자에서 복음을 전하는 권서인(또는 매서인이라 부름)이 되었다. 1878년 만주에서 누가복음과 마가복음을 한국어로 번역하고, 번역된 책자를 판매하며 복음을 전했는데, 그 성경을 만주 한인촌과 한국의 북부 지방에 반포해 나갔다.

이때 복음을 받아들인 인물 중 김청송은 원래 약초를 내다 팔던 산약꾼으로, 만주와 조선을 오가는 상인이었는데, 회심한 후 권서인으로 활동하며 57)예배공동체를 형성했다. 1884년 그렇게 시작된 집안에서의 예배공동체는 가정예배 형식의 정기적인 예배를 드렸는데, 이곳을 로스 목사 일행이 방문했다는 기록이 남아 있다. 이 예배공동체가 만주 즙안현(집안) 이양자 교회의 시작이다(1898년 이양자 교회 예배당 설립).

1928년에 조선예수교장로회 총회에서 간행한 『조선예수교장로회 사기』를 살펴보면 이양자 교회에 대한 근거가 나와 있다.

58)'이 지역에 우거하던 신자 이성삼과 임득현은 어려운 유이민의 생활 가운데에서도 열심히 전도하여 수십 명의 성도를 확보하고, 1898년 집안현 유수림자 이양자에 그리스도의 몸된 교회를 세웠다. 이듬해 이양자 교회는 불같은 시험을 겪어야만 했다. 의화단이 봉기하여 교회를 잔해하기 시작하였는데 교회와 신자들의 집을 불태우고 생명을 위협함으로 모든 교인들이 심산궁곡으로 피해야 했다.'

구원의 감격을 체험하고 전할 수밖에 없던 김청송을 비롯한 권서인들 대부분은 함께 모여 예배드리는 것에 집중했다.

조선인들의 예배는 간단한 형식이었다. 평일 오후에는 전도와 설교, 저녁에는 성경교육, 그리고 주일에는 찬송과 기도 중심으로 진행되는 예배였다. 복음 전도로 회심한 자들이 있으면 사경회 형식의 저녁 예배에서 그들을 교회 구성원으로 만들고 부흥회 형식으로 영적 체험을 하도록 했다. 이렇게 연결된 각 집회에 따라 단순한 예배가 진행되었다.

예배 중심, 성경 중심의 예배가 이어지다보니 세례교인이 100명, 세례를 받으려는 남자가 600명에 이를 정도로 부흥의 불길이 예배를 통해 퍼져 나갔다. 만주의 압록강 연안에 있던 28개의 한인촌에 많은 신자들이 매일 가정예배를 드리며 하나님 말씀을 읽었다. 그리고 1898년 집안 공동체가 이양자 교회로 정식 예배당을 설립했을 때 이성삼, 임득현을 집사로 세웠다. 우리 민족이 해외에 세운 최초의 교회는 그렇게 시작되었다.

안타깝게도 이양자 교회는 1899년 중국 의화단 봉기 사건으로 인해 교회가 핍박 받으며 교인들이 흩어지고 결국에는 예배당이 불에 타게 되어 옛터만 보존되어 있다.

하지만 이 최초의 예배공동체는 열매를 맺었다. 그 예배공동체를 통해 예배의 위대함을 체험한 우리 한인들은 고국으로 돌아와 예배공동체를 만들고 교회를 세우는 일에 앞장섰다. 이것은 그 당시 조선 땅에 들어온 서양 선교사의 복음 선교 활동과 만나 활성화되었고, 거룩한 누룩처럼 퍼져 나갔다.

만주에서 세례를 받고 예배를 드린 사람들이 고향으로 돌아와 번역된 성경 책자를 전하며 선교사들의 사역을 도왔다. 아직 조선 땅에 선교활동이 금지되어 있었을 때였지만 번역된 성경은 사람들 사이에 퍼져갔고 그것을 접한 이들은 변화되었다.

말씀은 한민족의 가슴을 뜨겁게 만들었고 변화시켰다. 의주와 평양, 소래, 서울과 같은 지역으로 흩어져 예배공동체를 형성하는 데 큰 역할을 했던 것이다. 의주 신앙공동체, 소래의 예배공동체, 새문안장로교회 공동체 등은 모두 만주의 예배공동체를 통해 퍼져간 영향력의 열매였다.

한국에 복음의 여명이 밝아올 무렵 하나님은 이미 예배공동체, 나아가 교회를 통해 한민족의 흩어짐을 위한 준비를 하셨다는 것을 알 수 있다.

하와이에 세워진 십자가의 빛

1902년 12월 22일 인천 제물포항, 미국에 간다는 꿈에 부풀어 오른 하와이 이민자들이 거대한 여객선 갤릭호에 올랐다. 오랜 항해 끝에 1903년 1월 13일 지구 반대편 호놀룰루항에 도착했을 때는 떠나올 때의 추웠던 날씨가 폭염으로 변했고 그들의 부풀었던 꿈도 사그라졌다.

사탕수수밭에서 일하게 된 한민족 디아스포라의 '집조'(지금의 여권)는 급히 만들어져 너덜거렸다. 고종의 칙령으로 시작하게 된 하와이 이민은 나라가 허락한 이민이었기에 여권이 필요했다. 1902년 하와이 이민을 위해 급히 설립된 이민기관 이민원을 통해 만든 집조를 들고 농장으로 향한 우리 한민족 이민자들은, 처음 생각했던 것과는 완전히 다른 현실과 만나 무척 당황스러웠을 것이다. 그래서 그들에게 집조는 생명처럼 소중했다. 다시 고국으로 돌아갈 증표라는 것을 알았기 때문이다.

하와이 노동이주는 고되고 힘겨운 일상이었다. 날마다 노동에 시달려야 했고 언어도 문화도 낯선 곳에서 받는 중압감은 이만저만이 아니었다. 뿐만 아니라 고향에 두고 온 가족에 대한 그리움은 향수를 불러일으켰고, 밤마다 넘실거리는 태평양을 바라보며 바다를 건너고 싶다는 생각에 열두 번이라도 더 뛰쳐나갔다.

이런 가운데 우리 한민족을 하나로 이어준 것은 바로 신앙이었다. 하와이로 첫 공식이민을 떠나온 이들 중 절반이 인천내리감리교회 교인들이었고, 그들을 인솔한 사람도 전도사였다. 이렇게 기독교인이 대거 이주에 합류할 수 있었던 것은 하와이 이민에 선교사들의 역할이 컸기 때문이다.

의료 선교사였던 알렌 선교사가 고종에게 신임을 얻고 정치에 관여하게 되면서 일본의 야욕을 억제하고 미국의 개입을 끌어내기 위해 하와이 이민을 제안했다. 이에 제안을 받아들인 고종이 이민자 모객을 명령했지만 이민자가 선뜻 나서지 않았다. 그도 그럴 것이 유교사상이 짙은 조선의 정서상 이민을 가면 제사를 모실 사람이 없다는 이유로 주저하거나 포기했기 때문이었다.

이때 알렌 선교사가 인천 내리감리교회를 맡고 있던 존스(George H. Jones, 1867~1919. 한국명: 趙元時) 목사에게 모객을 부탁하게 되었고, 유교 전통이나 제사로부터 자유로웠던 인천 내리감리교회 교인들 중 하와이 이민자들이 대거 나오게 된 것이다. 그렇다보니 하와이 이민자들은 조선 땅을 떠날 때부터 예배를 드렸다.

"우리 예배드립시다."

이민자들은 항해 내내 예배를 드리면서 자신들이 의지할 곳은 하나님 외에는 없다는 것을 몸소 체험했다. 그로 인해 그 항해 가운데 불신자 8명이 복음을 받아들일 수 있었다.

하와이에 도착한 뒤 각각의 농장에 배치되어 흩어졌지만 그들 가운데 복음이 있었고, 고된 삶 가운데 자신들을 하나로 이어줄 수 있는 것은 신앙뿐이라는 사실을 깨닫게 되었다.

오전 6시부터 10시간씩 일주일 내내 고된 노동을 이어갔지만 주일은 쉴 수 있었던 시스템 덕분에 주일이면 한인들이 서로 모여 위로하고 격려하며 예배를 드렸다. 그렇게 생겨난 예배공동체가 하와이 한인교회의 시작이다.

59)1903년 호놀룰루에 세워진 교회는 그리스도 연합감리교회와 샌프란시스코의 상항한국인감리교회다. 교회가 세워지자 한인들은 교회를 중심으로 모였다. 예배공동체 역할은 그 결속력이 단단해졌다.

"다들 한 주간 동안 수고 많으셨습니다. 우리가 비록 이국만리에서 고생을 하며 돈을 벌고 있지만 하나님께서 이곳에 보내신 목적이 분명히 있을 겁니다. 먼저 한 주간도 건강하게 보내게 해주신 하나님께 감사의 제단을 쌓읍시다."

미국에서 시작된 교회는 자유로웠다. 미국은 기독교 국가였기에 아무래도 선교나 복음 전파에 한계가 있었던 조선에 비해 신앙의 자유가 있었다. 그로 인해 초기 하와이 한인교회는 민족적 결집력과 함께 뜨거웠다.

이들 교회 내 공동체는 일제에 의한 국권침탈 후 조국의 독립운동과 밀접한 연관을 맺었다. 독립투사들과 지식인들은 세계 곳곳의 한민족이 모인 곳을 중심으로 활동을 펼쳐나갔고, 교회가 그 중심 역할을 했기 때문이다. 어떻게 보면 그 당시 교회가 독립운동기지 본부 역할을 했다고 볼 수도 있다.

60)하와이에서 설립된 신민회도 교회와 교인 중심으로 활동을 펼쳐나갔다. 1908년 콜로라도주 덴버시 그레이스 감리교회에서 열린 '북미 대한인 애국동지 대표회의', 이것은 미국 대륙에서 한인들이 단합해서 전국규모로 열린 최초의 민족회의였다. 우리나라 애국가의 작곡가인 안익태(1906~1965) 역시 샌프란시스코에 도착해 상항한인감리교회 2층 다락방에서 가슴 떨리는 심정으로 애국가의 첫 가락을 탄생시켰다.

이렇듯 민족주의적 성격을 띠며 세워진 십자가 아래에서 한민족은 신앙의 힘을 발휘했다. 박봉의 월급을 받으며 근근이 살아가면서도 조국의 독립운동을 위해 그 돈마저 아끼며 성금을 모았고, 자신들보다 더 나쁜 처지에 있는 동포를 위해 기도하고 물질로도 후원했다.

또한 교회는 사랑방이었다. 그 당시 목회를 사랑방 목회라고 하는 것은 우리나라에 서양 선교사가 복음을 전할 때 사랑방에 드나드는 사람들을 상대로 전도를 했던 것에 기인한다. 사랑방이라는 곳이 누구나 왕래할 수 있고 어떤 얘기도 나눌 수 있는 따뜻하고 정감 있는 장소로, 한인교회 역시 모든 정보와 사랑이 전달되는 통로였다. 실제 이러한 성격은 이주 초기에 세워진 교회들의 특징이기도 했다.

초대교회가 모든 것을 나눠 통용하며 썼던 공동체였듯이 한인교회가 그러한 공동체의 역할을 했고 그러한 결속력을 바탕으로 복음의 불길이 퍼져나갔다. 그것은 곧 부흥의 불길로 이어졌다.

61)1903년 9월 샌프란시스코에, 11월에는 호놀룰루에 평신도가 주도하여 한인교회를 세워졌고, 그 후 미국 전 대륙에 복음이 퍼지면서 각 주에 어머니교회가 세워졌다. 1903년 시작된 이 부흥의 바람은 1945년 해방 전까지 4개의 교회가 세워진 것을 시작으로, 1950년대 4개, 60년대 10개, 70년대 들어 24개 등 50개주에 어머니교회가 세워졌다.

어머니교회는 1960년대 초반까지만 해도 평신도가 주류를 이룬 교회가 많았다. 그도 그럴 것이 하와이 이민 1세대들을 주축으로 세워지다보니 이민으로 정착하게 된 이주민들이 주류를 이루는 것은 당연했다. 하지만 그 후로는 평신도보다 목회자 위주로 세워지는 경우가 더 많아졌고 소속 교단도 무척 다양해졌다.

중요한 것은 이렇게 미국 각 주에 세워진 어머니교회가 지역사회 전도와 복음전파에 뜨거운 열정을 쏟아냈다는 것이다.

다음은 1903년 이후 미국 주마다 세워진 이민교회다.

주	교회명(설립년월일)	한인교회수 (2000년기준)
알라스카주	앵커리지 제일한인장로교회(1976.4.9.)	21
알라바마주	버밍햄 한인침례교회(1980.3.25.)	13
알칸소주	알칸소 한인침례교회(1982.9.8.)	8
아리조나주	아리조나 한인장로교회(1973.6.3.)	35
캘리포니아주	상항한국인연합감리교회(1903.9.23.)	1,029
콜로라도주	덴버영락장로교회(1964.3.22.)	49
커네티컷주	하트포드 한인연합감리교회(1970.9.12.)	15
델라웨어주	델라웨어 한인감리교회(1979.7)	8
플로리다주	마이아미 한인장로교회(1972.9.3.)	68
조지아주	아틀란타 한인교회(1971.1.10.)	300
하와이주	그리스도 연합감리교회(1903.11.10.)	63
아이오와주	디모인 한인연합감리교회(1972.3)	11
아이다호주	아이다호 한인장로교회(1982.3)	6
일리노이주	시카고 한인제일연합감리교회(1923.9)	181
인디아나주	인디아나폴리스 제일한인연합감리교회 (1971.9.10.)	19
캔사스주	캔사스 한인연합장로교회(1969.6.18.)	19
캔터키주	순복음 켄터키교회(1973.4)	12
루이지아나주	뉴올리언스 제일한인침례교회(1973.6.10.)	15
매사추세츠주	보스톤 한인교회(1953.11)	42
매릴랜드주	워싱톤 한인침례교회(1956.5.6.)	128
메인주	무지개 연합감리교회(1980.3)	4
미시건주	디트로이트 한인연합장로교회(1967.5.28.)	19
미네소타주	미네소타 한인장로교회(1991)	9

미조리주	세인트루이스 한인장로교회(1963.5)	20
미시시피주	잭슨한인교회(1979.7.15.)	5
몬타나주	빌링스 한미연합교회(1992.1.1.)	1
노스캐롤나주	노스캐롤나 한인장로교회(1968.4.7.)	45
노스타코타주	한인침례교회(1994.4)	1
네브라스카주	오마하한인장로교회(1977.2.27.)	2
뉴햄프셔주	그린랜드연합감리교회(1982.8.1.)	6
뉴저지주	뉴저지 제일한인교회(1971.4.11.)	162
뉴멕시코주	알버커키 한미침례교회(1979.9)	5
네바자주	엘림장로교회((1973.5.20.)	25
뉴욕주	뉴욕한인교회(1921.4.18.)	352
오하이오주	클리블랜드 한인장로교회(1969.4.27.)	29
오클라호마주	한인제일장로교회(1974.4.14.)	24
오레곤주	포트랜드 영락교회((1964.2.4.)	30
펜실바니아주	필라델피아 한인장로교회(1953.9.27.)	90
로드아일랜드주	제일한인교회(1976)	4
사우스캐롤라이나주	콜럼비아 한인연합장로교회(1975.7.6.)	20
사우스다코타주	한인전원교회(1978.10)	1
테네시주	내쉬빌 한인교회(1974.11.24.)	24
텍사스주	달라스 연합교회(1966.8.15.)	150
유타주	유타 한인장로교회(1977.9.11.)	8
버지니아주	와싱톤 한인교회(1951.10.14.)	161
버몬트주	벌링턴 한인교회(1991.5.5.)	2
워싱턴주	시애틀 제일장로교회(1962.11.10.)	119
위스콘신주	라이프크릭교회(1970.6.8.)	11
웨스크버지니아주	몰간타운 한인교회(1978.1.15.)	2
와이오밍주	샤이엔 한인장로교회(1981.10.15.)	2
괌도	태평양 장로교회(1973.2.18.)	–

"미국 50개 주에 세워진 어머니교회 리스트", 『태평양을 가로지른 무지개』 3권. p.174,
크리스천헤럴드

이렇듯 이주 초기부터 심어진 복음의 씨앗이 열매를 맺어가고 있다. 사탕수수밭에서 계약된 노동을 마치고 미국에 남기로 한 한인 디아스포라들이 미국 본토로 흩어지고, 미국의 이민법 개정으로 이민의 문이 활짝 열린 뒤 자유롭게 미국으로 건너온 우리 동포들과, 그 후 입양을 비롯한 유학생, 가족이민 등으로 우리 동포들이 합류하면서 이민사회는 다양해졌다. 이주한 환경과 사정과 형편이 다른 탓에 갈등이 없지는 않았지만 이 역시 한인교회를 중심으로 해결을 해 나갔다.

그와 더불어 복음 든 디아스포라의 활약과 정신, 이주한 땅에서 복음을 증거하고 선교의 거점으로 삼아 모범교회(복음을 앞서 전해 받은 서구교회에 의해 전수받은 뒤 다른 지역 선교를 위해 이민자들을 보냄)를 세우는 등의 디아스포라의 복음의 지경은 넓어졌다.

현재 미국 내 거주하는 한인 이주민들의 70%가 복음을 받아들이고 한인교회에 소속되어 있는 것만 봐도 한민족 디아스포라의 역할이 얼마나 큰지 짐작할 수 있다.

하와이에 세워진 십자가의 빛이 미국의 한민족 디아스포라의 신앙의 불을 밝혀준 것은 물론, 지금까지 이민사회의 결집 나아가 선교에 이르기까지 역할을 해내고 있는 것이다.

에네켄 농장 노동자들의 예배

1909년 3월 24일자 신한민보에 이런 기사가 실렸다.

'현지 통신을 거한즉 1905년 이민으로 건너온 천여 명의 동포는 농주의 학대로 무한 고초를 당하다가 지금에 다행히 자유의 생활을 얻게 됨으로, 활동하는 정신이 일층 감발하여 실업에 주의하고 자본을 적립하는 이도 많거니와 예수교를 신앙하는 동포가 근지 3백여 명이요, 올해 예배당을 새로 건축하기로 출연한 돈이 7백여 원인데, 장차 수천 원 가량을 모집한다하며 서사일씨는 간고히 저축한 돈 57원을 일시에 연출하였다더라.'

1909년 미국 샌프란시스코의 교민단체인 국민회의 기관지로 창간된 신한민보에 실린 기사 내용이 의미심장하다. [62]이 신문은 이주민들의 상황을 다루곤 했는데, 특히 멕시코 이민에 대한 사연을 접하고 관심을 가졌다. 특히 안창호 선생이 미국과 멕시코를 다니며 계몽활동을 벌였기에 더욱 소식에 민감했는데, 이 중에 '예수교를 신앙하는 동포가 3백명'이란 말을 보면 멕시코에 거주한 한민족 디아스포라의 복음이 꽤 깊이 뿌리내리고 있음을 알 수 있다.

게다가 그 후 메리다에 '대한인국민회'(1909년 미국에서 시작된 항일독립운동단체)가 설립되었는데 그때 설립인원이 305명, 즉 기독교인이 모두 국민회 설립에 앞장섰다는 말이 되기 때문이다.

단 한 차례의 이민으로 끝난 멕시코 계약노동 이주에 있어서도 하나님은 복음전파를 위해 한민족을 사용하셨다. 멕시코 이민은 우리 한민족에게 있어 부당하고 억울하고 고되고 괴로운 일이었다.

온 몸이 상처투성이 피투성이가 될 정도로 아프고 괴로운 노동 가운데 4년을 꼼짝없이 묶여 있어야 했다. 하지만 그 속에 쉴만한 안식처를 주셨는데 바로 신앙 공동체였다.

에네켄 농장에서 고된 시간을 보내면서 그들은 애굽에서 종살이한 이스라엘 민족을 생각하며, 하나님의 선택받은 민족으로 해방시키시고 가나안 땅으로 인도하신 하나님을 기대했을 것이다. 구한말 나라를 잃고 방향을 잃어버린 우리 한민족 디아스포라들은 하나님을 통해 잃어버린 나라를 되찾고 자유와 평등의 국가가 세워질 것이라 기대하며 기도하며 바랐다.

멕시코 이민자들 중에는 신앙의 지도자가 없었다. 하와이 이민은 통역하는 사람을 비롯해 선교사가 신앙의 지도를 해 주었던 것에 비해 멕시코 이민은 그런 배려가 없었다. 그렇기에 평신도 위주의 예배 공동체가 형성되었고, 그들 중에 리더가 세워졌을 가능성이 크다.

멕시코 이주민들 사이에서 가장 기독교를 활발하게 전파했던 이들은 이근영, 김윤원, 김제선 등을 중심으로 한 8명의 젊은 기독교인들이었다. 그들은 4년간의 억울한 노예계약에서 어떻게든 벗어나려고 했다. 마침내 1908년 7월, 계약종료 10개월을 앞두고 농장주에게 80페소의 속전을 주고 풀려났다. 그렇게 풀린 8명의 젊은이들은 광무군 출신으로, 의형제를 맺고 한인사회를 위해 활동했다.

이들 중에 가장 대표적인 인물이 김제선이다. 그는 메리다 시내에 구입한 집을 교인들의 모임 장소로 내놓았다. 멕시코 이주사에 있어 한인 예배공동체의 시작이 된 것이다. 감리교회의 속회 형태로 모여 예배를 보고 전도활동을 하며 복음 전파에 앞장섰다.

그러던 중 한 가지 다행인 일이 생겼다. 멕시코를 방문했던 한 한인 인삼장수로부터 멕시코의 부당하고 가슴 아픈 사연을 전해들은 미국 국민회에서 1909년 멕시코로 황사용, 방사중 전도사를 파견한 것이다. 비로소 멕시코 한인공동체에 신앙의 지도자가 오게 된 것이다.

멕시코로 파견 받아 메리다로 온 그들은 각각 감리교, 장로교 전도사였기에 복음 전파에 열심을 다했다. 물론 메리다 국민회를 창립하는 준비 위원으로 왔지만 그 당시 국민회 창립은 곧 복음 전파와도 같았다. 독립운동은 곧 복음전파와 연결되어 있었다.

그들은 메리다 국민회 창립을 준비하는 동시에 각 농장을 다니며 동포들과 만났다. 그들과 만나 국민회를 설립하는 일을 알렸고 참여하도록 했으며 복음을 전했다. 생전 처음으로 가게 된 에네켄 농장에서 때로는 열병에 걸리면서 복음을 전했다. 결과적으로 많은 세례교인들이 생겼다.

주일이면 교인들의 모임 장소요 교회로 쓰임 받은 김제선의 집이 평일에는 메리다 국민회의 사무실이 되었다. 오랫동안 국민회 회관으로 사용되었으니 멕시코 한인사회에 최초의 개인 주택임과 동시에 최초의 교회였다. 이 교회는 멕시코 한인사회에 큰 역할을 했다. 이 장소가 마련되어 있었기에 미주한인신문인 신한민보와도 연락을 할 수 있었다. 멕시코 사회 내의 연락망이 된 거주지 주소가 있었기 때문이다. 신문을 통해 거의 4년 동안 고국과 소식이 끊긴 채 살던 동포들은 숨통이 트였다.

국민회가 설립되었다고 해서 우리 동포들이 모두 메리다시 국민회관으로 모일 수만은 없었다. 김제선을 비롯한 예배에 참석할 수 있는 70~80명의 교인은 조금 일찍 계약에서 풀려나 자유롭게 신앙생활을 할 수 있었지만 아직 계약에 묶여 있는 많은 이주민들은 출입이 자유롭지 못했기 때문이다.

그런 이유로 [63]나름대로 농장별로 교회를 만들어 공동체를 형성했는데, 각각의 농장에서 교인들끼리 모여 가정예배 형식으로 종교생활을 했다. 신한민보에 독립운동을 위해 의연금을 보낸 기사를 보면 '초초농장 예수교회중 지하 5원' '제인져 농장 야소교당 12원' 식으로 기록되어 있다. 이것을 보면 각 농장마다 예배공동체가 형성되었음을 알 수 있다. 이렇듯 신앙생활을 이어가며 이주 생활을 견뎠고, 그것은 멕시코 이민자들에게 큰 영적인 힘이었다.

멕시코 초기 이주사를 보면 남미 대륙에 흩어져 복음을 전파하기 원하신 하나님의 뜻을 알게 된다. 기독교인이든 그렇지 않든 노예와 같은 생활을 통해 복음을 받아들이게 하셨고, 고통 가운데 복음을 전해들은 이들이 그것을 지켜나가며 공동체를 성장시켜 나갔기 때문이다.

메리다 국민회의 모든 행사와 회의 순서를 살펴보면 빠짐없이 기도가 들어있었다. 이것은 회의조차도 예배 형식을 따르고 있음을 보여주는 근거다. 이러한 기도로 시작하는 모임은 메리다 국민회뿐만 아니라 1960년대까지 이어졌다. 또한 여러 지방회에서도 기도하고 모임을 시작하는 전통이 되었다.

또한 그들의 신앙을 위한 헌신은 더욱 빛을 발했다. 4년의 계약이 끝날 즈음, 농장주로부터 받기로 했던 위로금 100페소를 거의 받지 못했다. 끝까지 부당함으로 일관했던 농장주들에 대해 항거를 할 수도 있었지만, 오히려 무일푼 상황에서 예배당을 짓기 위해 거금 700원을 모으고 더 많은 건축금액 작정을 했다고 한다. 열성적인 신앙심을 엿볼 수 있는 대목이다. 교회는 지어지지 못했지만, 복음의 열매는 곳곳에서 맺혀졌다.

노동계약이 끝나고 1년 뒤 1910년, 박선일이 멕시코의 미국 선교사 조지 캐어네스 목사로부터 복음을 듣고 침례를 받아 전도를 하는 등 그들은 한인사회에 큰일을 했다. [64]1913년 안창호 선생을 통해 1913년 미국 샌프란시스코에 처음 세워진 흥사단의 단원 전부가 예수교인일 정도로 한인사회를 중심으로 복음전파가 이어졌다.

하지만 안타깝게도 멕시코 이주 역사에 있어서 부흥의 역사는 그리 오래가지 못했다. 노예와 같은 계약노동 기간을 마친 멕시코의 한민족 디아스포라는 고국으로 돌아오지 못한 상황 속에서 남미로 뿔뿔이 흩어져야 했다. 민족이 흩어짐에 따라 타오르던 부흥의 불길은 다시 타오르지 못했다.

멕시코에서 쿠바로 흩어진 한민족 디아스포라 일부는 어려운 가운데에서도 멕시코에서와 같이 교회를 세우고 학교를 세워 한국인의 정체성을 복음과 함께 심어주는 등 활동을 이어갔다. 그들이 쿠바로 이주했던 1921년 쿠바한인교회를 세웠고, 그로부터 5년 뒤인 1926년에는 쿠바한인감리교회를 세우는 등 복음의 불을 지폈다.

하지만 그 기간은 오래가지 못했다. 한인사회가 점점 쇠퇴하고 시대적 상황에 따라 거주하던 현지 사회에 동화되어갔기 때문이다. 또한 쿠바에 계속 정착한 것이 아니라 또 다시 흩어짐을 이어갔기에 그들의 공동체는 점점 작아질 수밖에 없었다.

이제 다시 부흥의 불길이 타오를 때다. 이미 오래 전부터 한인사회를 중심으로 복음의 씨앗이 뿌려지게 하신 하나님이 이제는 그들을 사용해서 중남미 사회의 복음화를 이루실 것을 기대한다.

무엇보다 중남미에 흩어진 한민족 디아스포라는 언어적 장점을 지니고 있다. 남미 사회에서 영어소통은 기본이요, 포르투갈어와 스페인어 등을 다양하게 구사하는 사회적 환경에 속해 있기에 그들에게 신앙의 불이 다시 타오를 때 선교의 자원으로써 크게 쓰임 받을 가능성이 있다.

핍박 속에 지켜온 고려인들의 신앙

'지금 해삼위(블라디보스토크)의 형편이온즉 고국강산을 리별
(이별)하고 의지할 곳 없이 외로온 나그네로 불상히(불쌍히) 죽
어가는 생명이 오십만 명이오니 이곳에 선교사 한 사람을 급히
택송하야 오십만 명 생명을 구원케 하기를 청원이오며….'

이 글은 1909년 예수교 장로회 대한 노회에서 나온 기록문이다.
실제 러시아측의 기록을 보면 숫자적으로는 차이가 있다(러시아에
공식적으로 등록된 연해주의 한인들은 1909년 38,955명이다). 그
당시 집계기록의 문제도 있었거나 제대로 집계를 내지도 못했을 것
을 감안해도, 어쨌든 많은 한민족이 러시아로 이주했던 것은 사실
이다.

이들 고려인들은 현실적으로는 삶의 터전을 가꿔야 했고, 동시에
자신들이 거주한 땅에서 인정을 받아야 하는 이중적인 고민 속에
살았다.

처음 이주가 시작된 1863년부터 그들의 역사는 길고도 질겼다.
처음에는 한민족의 끈질긴 생활력에 러시아 당국에서도 이주를 인
정했지만, 러시아의 사상과 이념, 정책의 변화에 따라 고려인을 향
한 배척과 핍박이 이어졌다.

그와 함께 신앙적인 면에서도 고려인들의 삶은 피폐해졌다. 하와
이 이민의 경우, 이미 복음을 받아들인 동포들이 자발적으로 신앙
공동체를 이루었던 것에 비해 고려인들은 그럴 수 없었다. 그곳으
로 건너간 이들이 복음을 몰랐던 이들이기도 했고, 기독교 국가인
미국이나, 가톨릭 국가인 멕시코와 같은 나라에 비해, 러시아는 종

교보다 이념을 중시하는 나라였다. 오히려 신앙에 대해 배타적인 시각을 가지고 있었다.

그런 상황에서 연해주 인근으로 많은 이들이 포진해 있었던 고려인들 사이에 복음의 깃발을 들고 나선 최관흘 목사의 선교는 용감한 행보였다.

[65] 최관흘(1877~미상) 목사는 1909년 평양신학교를 졸업하고 목사 안수를 받은 뒤 러시아 블라디보스토크 지역에 고려인들이 많이 정착한다는 이야기를 듣고 복음의 전파를 위해 가겠다는 청원을 했다. 이에 1909년 3회 장로회 노회를 통해 최관흘 목사가 블라디보스토크 선교사로 파송되었다. 막 목사 안수를 받은 그는 총회에서 지급한 선교비를 지원받아 평양을 출발하여 중국 만주, 하얼빈을 거쳐 블라디보스토크로 향했다. 그는 러시아어를 할 줄 몰랐기에 주로 고려인들에게 복음을 전했다.

당시 고려인들은 복음을 몰랐던 이들이 대부분이었고, 무엇보다 그들은 러시아의 국교라 할 수 있는 러시아 정교로의 개종을 압박당하고 있었다.

기독교의 역사를 보면, 처음에는 한 줄기였다가 우상(성상) 파괴 운동에 따라 가톨릭(천주교)과 동방정교로 갈라졌다. 그렇게 250여 년이 흐른 뒤, 러시아는 동방정교를 받아들여 러시아 국교로 정했다. 원래 많은 이교도 신앙을 가지고 있던 러시아로서는 다른 신과 함께 기독교를 받아들였다. 그것도 전제군주에 오른 통치자가 국가를 통합하려는 목적의 선택이었다. 그러므로 러시아 정교는 동방정교에 전통적인 민간신앙을 합해 만든 이단적인 성향이 강했다.

상황이 이렇다보니 러시아 정교에는 기존 기독교와 전혀 관계없는 절기가 있기도 했고, 매주일 예배를 드리는 것도 아니었다. 그들은 무슨 특별한 일이 있을 때만 예배당에 모였는데, 기독교와는 다른 점이 많은 종파였다.

이런 상황에서 최관흘 선교사의 행보는 러시아 정부로서는 눈엣가시였다. 특히 러시아에 도착했을 때 선교에 대한 허락을 받으려하다가 거절당한 경험 때문에 선교에 대한 박해를 받아야 했다.

하지만 그의 선교 행보는 무척 열정적이었다. 블라디보스토크를중심으로 고려인들에게 복음을 전하고 개종시킨 교인들이 날마다늘었다. 짧은 시간 안에 400명의 한인을 하나님께로 인도했다는 기록을 봐도 알 수 있다.

1910년 최 선교사가 설립한 교회의 출석 교인이 648명에, 세례교인 38명에 이를 정도로 전도는 성공적이었다. 1년 뒤 1911년에는예배당이 2곳, 예배처소는 13군데, 교인이 760여 명, 연보가 902원29전이라는 결과를 보고해서 러시아 선교의 성공적인 단면을 보여주기도 했다.

최 선교사의 활약 덕분에 고려인에게 올바른 복음이 전해지고 교회가 세워지는 등 블라디보스토크의 복음화는 다져지고 있었다.

그러나 문제가 벌어졌다. 한국에서 온 선교사의 활동에 대해 러시아 정교에서 박해를 시작했다. 얼마 뒤 선교사가 러시아 헌병대에 체포되고 추방 명령까지 내려졌다. 다행히 추방은 면했지만 선교는 점점 어려워졌다. 그러면서 신앙적으로도 고민이 시작되었다. 러시아 정부는 계속해서 그에게 러시아정교로의 개종을 압박했다. 결국 이듬해 러시아 정교회 신부의 인도로 러시아 정교회를 방문했고, 그 뒤 그는 고국으로 돌아오지 않고 러시아에 남는 길을 선택했고 교단과의 관계도 끊어졌다.

안타깝게도 블라디보스토크의 고려인들은 러시아 정부로부터 추방 위협을 받고 있었다. 다만 러시아 정교회 교인이 되면 러시아 공민이 될 수 있다는 이야기가 공공연하게 들려오고 있어서 늘 유혹을 견뎌야 했다.

이런 안타까운 상황 속에서 그들의 선택의 폭은 좁을 수밖에 없었고 복음의 진리는 어렵게 어렵게 유지될 수밖에 없었다. 훗날 다시 개신교 목사로 돌아온 최관흘 선교사의 러시아에서의 행적에 대해서는 여러 의견이 있지만, 효과적으로 복음을 전하기 위한 연합이었다고 평가하기도 한다.

이렇듯 고려인들의 삶은 복음을 마음껏 받아들일 수 없는 상황 속에서 복음을 지켜나가야 했다.

1917년 러시아의 공산혁명이 일어나면서 제정 러시아의 국가종교이던 러시아 정교회는 정부의 지원을 잃게 되면서 조직이 무너졌다. 러시아 정교회는 훗날 고르바초프 서기장 시절에 다시 일어서게 되었지만, 러시아에서의 선교는 1990년 한소 수교 이듬해 소련연방해체로 많은 변화를 겪어야 했다.

고려인 역시 격동하는 나라의 정세 속에 휩쓸려 살아가야 했고 신앙을 지키는 일은 쉽지 않은 일이 되었다. 특히 강제이주라는 시련을 겪으며 핍박을 견뎌냈고, 중앙아시아 곳곳에 흩어졌다.

66)현재 연해주로 돌아온 고려인들 중 일부는 한국 선교사가 세운 교회에서 신앙을 지키고 있지만 복음화율은 미미하다고 알려져 있다. 하지만 고난과 핍박의 세월을 견뎌온 그 믿음의 씨앗, 복음의

씨앗을 품고 고려인만이 가지고 있는 선교적 가치를 이어가야 한다.

무엇보다, 언어의 장벽을 뛰어넘게 해 줄 수 있는 고려인의 역할을 기대한다. 러시아 전역에는 많은 북한 사람들이 거주하고 있다. 북한 사람들과의 관계를 맺는 것도 고려인은 할 수 있다. 앞으로 탈북선교뿐만 아니라, 북한선교에서도 그들과의 접촉이 쉬운 고려인들이 안팎으로 감당할 수 있는 선교적 가치가 빛나기를 기대해본다.

복음과 독립운동의 중심이 된 만주 명동교회

1909년, 중국 땅에 십자가가 세워졌다. 바로 중국으로 건너간 우리 한민족의 힘으로 세운 명동교회다. 1899년 두만강을 건너와 건설한 한인촌, 윤동주 시인의 고향마을로 알려진 명동촌에 10년 만에 세워진 교회다.

[67]명동촌은 김약연(훗날 목사가 됨) 선생의 집안 등 142명이 1899년 두만강을 건너와서 건설한 한민족의 공동마을이다. 네 집안이 이주하며 정착한 이 마을은 1899~1905년에 형성되었고, 용암과 장재, 대룡, 영암 지역을 묶어 명동촌이라 불렀다.
이 명동촌을 비롯한 한인촌은 1910~1920년대 중국 북간도 지역의 한민족의 문화, 교육, 종교의 중심지가 되었다.
간도 지방에서의 새 삶을 염원하던 우리 한민족 디아스포라의 용감한 행보에, 명동촌은 꽤 활성화가 되었다. 대부분 유학을 공부했던 이주자들은 '밝은 나라' 건설에 대한 소망이 있었고 그랬기에 토지를 집단으로 사들여 10%는 학교 터로 내놓을 정도로 교육에 대한 필요성을 절실히 깨닫고 있었다.

윤동주 시인의 외삼촌이기도 한 김약연 선생을 중심으로 신학문을 공부하는 교육기관 '명동서숙'의 전신인 '규암제서당'이 세워졌다. 그들의 꿈은 원대했는데, 기울어가는 조선의 운명을 바로 세울 인재를 기르는 곳으로 명동촌을 만들고자 했던 것이다. 우선 곳곳에 서재 형식의 공부할 곳을 만들었고, 1908년에 여러 서재를 합해 명동서숙을 설립한 것이다.
"좋은 선생 아래에서 훌륭한 인재가 나오는 법이오."

그들은 의식이 깨어있는 교사를 초빙하기 위해 애를 썼는데, 그때 서울 상동감리교회에서 세운 상동학원 출신의 정재면 목사가 오게 되었고, 그를 중심으로 민족교육을 이어가려 했다. 함경북도 종성의 무관출신인 김약연 선생은 학문에 바탕을 둔 나라를 세우는 일에 열의를 보였고, 그것은 정재면 목사와도 잘 맞았다.

1908년 명동서숙은 1909년 명동학교로 바뀌어 교육을 이어갔는데, 명동학교는 동쪽 조선을 밝힌다는 민족의식이 담긴 학교였다. 그즈음 정재면 목사는 다소 뜻밖의 제안을 했다.

"제가 이 학교에 부임하는 데에는 두 가지 조건이 있습니다. 첫째 학생들 가르치는 학과목으로 성서를 넣어주십시오. 또 하나는 매일 아침 예배를 드리는 겁니다. 근대 민족주의를 성장시키려면 유교보다 기독교가 참신하고 우월합니다. 또한 중국과 일본이 견제하는 것보다 기독교에 귀의하는 게 더 낫기 때문입니다."

당시만 해도 철저한 유학자였던 김약연 선생은 심사숙고 끝에 그 제안을 받아들였다. 본인도 복음을 받아들이고 기독교식 교육을 인정하겠다는 의미였다. 훗날 그는 평양신학교를 졸업했고 목사가 되었다.

정재면 목사의 제안을 받아들인 김약연 선생은 1909년 명동학교 옆에 명동교회 세웠다. 간도땅에 처음으로 세워진 십자가였다. 정 목사는 또한 명동학교를 기독교계 학교로 개편했다. 명동교회는 부흥을 이어갔는데, 주일만 해도 남녀 200여 명이 함께 예배를 드렸다.

교회는 전형적인 함경도 8칸 한옥 형식이었다. 학교는 이곳으로 이주해온 한민족이 학전으로 십시일반 거둔 것이 바탕이 되었다. 그래서 학교 중심의 공동체, 교회 중심의 공동체가 형성될 수 있었고, 교회에도 민족의식이 가득했다.

[68]막새(지붕 추녀 끝에 사용하는 기와)에는 집집마다 태극기와 십자가를 넣어 독립에 대한 열망과 함께 기독교 신앙을 키워나갔다. 교회가 세워지고 정재면 목사에 의해 복음이 민족주의자들 사이에 널리 전파되었는데, 교회가 세워진 지 8년 만에 700명이 넘는 인원들이 모여 부흥회를 열 정도로 부흥의 불길이 타올랐다.

이렇게 되기까지 김약연 선생의 복음을 받아들인 것이 큰 영향을 끼쳤는데, 그 당시로서 유교를 버리고 기독교 신앙을 받아들인 것은 대단한 결심이었다.

[69]'기독교는 그 교의에 민주 · 과학사상이 있는 것은 아니었지만 전도사, 목사를 통해 서양의 민주와 과학 사상이 전래되었고, 또 북간도의 특수한 상황으로 보아 중국과 일제의 압제를 더 적게 받으려면 기독교에 귀의하는 것이 옳을 것이라 설득되어 기독교를 믿게 되었던 것이다.'

중국 이민사를 연구하는 박청산 선생의 생각처럼 그 당시 간도로 이주한 우리 한민족은 일본의 간섭에서 벗어난 독립을 꿈꾸고 있었고, 그것이 기독교의 열린 사상과 맞았기에 복음이 전해질 수 있었다.

이렇듯 명동교회는 명동촌이 민족교육과 독립운동, 항일근거지로서의 중심역할을 하면서 함께 성장했다. 1919년 3월 13일 반일 운동에 명동학교의 충열대(忠烈隊: 1919. 3. 13. 룽징에서 대한독립선언대회를 주도하였던 결사대)가 선두에 서기도 했고, 조직적 무장투쟁의 근거지가 되는 등 명동학교와 교회는 중심 역할을 했다. 하지만 이런 활동은 일제의 보복 타깃이 되었다.

1920년 10월, 일제는 그 일대 한인촌 촌민들을 명동학교 마당에 불러 모았다. 그리고는 명동학교를 비롯한 명동교회, 간도국민회 회장의 집에 불을 질러 잿더미로 만들어 놓았다. 뿐만 아니라 90여 명의 교직원과 촌민을 체포하고 10여 명을 살해했다.

간도 한인촌의 정신적 지주 역할을 했던 학교와 교회는 다시 재건이 진행됐다. 그러나 예전과 같은 부흥은 일어나지 못했다. 김약연 선생은 독립운동에 몰두했고 옥고도 치르며 다시 명동학교 교장 직을 지내기도 했지만, 대흉년이 드는 바람에 학교 운영이 어려워지자 중학부를 취소하는 등 좋지 않은 시간을 거쳤다.

할 수 없이 용정으로 떠난 김약연 선생은 목사가 되어 독립운동과 교육활동에 전념했다. 그가 떠난 명동학교는 당시 공산주의 유행으로 종교의 속박에서 벗어나야 한다는 여론을 바탕으로 신학이 빠진 공산주의 혁명가 양성소가 되었고, 복음의 불길은 더 이상 타오르지 않았다.

그 후 중국 내 한민족 디아스포라는 근현대 역사의 소용돌이 속에 살아가면서 중국 땅 안에서 흩어지고 복음을 지켜갔다.

안타깝게도 한때 타오르던 복음의 불길은 중국의 공산혁명 등으로 사그라졌고 삼자신학을 바탕으로 한 중국 기독교 영향으로 수면 위로 올라오지 못했다. 그래서 70)지금 중국은 정부가 인정하는 삼자기독교회와 가정 지하교회로 나뉘어 신앙생활을 이어가고 있다. 지하교회에서 신앙생활을 하는 이들은 정부가 인정한 삼자기독교회를 정부와 야합한 변절자로 여기고 있어 반목의 시간을 가져왔다. 하지만 두 개로 분류된 기독교를 흑백논리로 보는 것은 위험하다는 의견이 지배적이다. 중요한 것은 전하는 진리가 올바른가에 대한 문제이기 때문이다.

　지금도 중국에 거주하는 한민족 디아스포라 중에 많은 신자들이 복음을 받아들이고 신앙생활을 이어가고 있다. 조선족 성도의 수가 13만에 달하고 중국 내 한국인 교회가 대략 300개 정도로 추정된다. 종교를 통제하는 것이지 탄압하는 것은 아니다. 하지만 또 외국인 선교활동을 법적으로 금지하고 있어서 완벽히 자유롭다고 할 수도 없다.

　중요한 것은, 중국 내 한민족 디아스포라가 해야 할 일이 다양하다는 사실이다. 중국의 특수한 환경을 고려하여, 교회 중심의 사역보다는 가정세미나나 일터 현장에서의 선교가 자연스럽게 이어질 수 있는 활동이 필요하다. 한인학교와 한국문화센터 등과 연계된 지원과 후원 봉사 등으로 선한 일을 하는 동시에, 북한 주민들에게도 자연스럽게 복음으로 접근할 수 있는 방법을 모색해볼 수 있다. 이렇듯 중국 내 한민족 디아스포라는 중국과 북한 선교의 새로운 사명을 안고 있다.

　현재 용정시의 명동교회당 건물은 전시장이 되어 있다. 이 교회를 세운 김약연 목사의 기념비가 있긴 해도 글씨를 알아볼 수 없을 정도로 파손되어 있다. 다만 예배당 입구 지붕 가운데에 빛바랜 십자가가 그 흔적만 말해줄 뿐이다.

　한인사회를 유교 공동체에서 근대 기독교 문화공동체로 변화하게 만든 명동교회, "나의 모든 행동이 곧 나의 유언이다"는 김약연 목사의 유언처럼 중국 땅에 한민족이 세운 이 교회는 행동하는 신앙, 민족신앙의 본이며 지금 후손들이 붙잡아야 할 십자가이기도 하다.

차별과 억압 속에서 일본에 전해진 복음

"어떤 이들은 더 좋은 부활을 얻고자 하여 심한 고문을 받되 구차히 풀려나기를 원하지 아니하였으며 또 어떤 이들은 조롱과 채찍질 뿐 아니라 결박과 옥에 갇히는 시련도 받았으며 돌로 치는 것과 톱으로 켜는 것과 시험과 칼로 죽임을 당하고 양과 염소의 가죽을 입고 유리하여 궁핍과 환난과 학대를 받았으니 이런 사람은 세상이 감당하지 못하느니라 그들이 광야와 산과 동굴과 토굴에 유리하였느니라" (히브리서 11:35-38)

일본으로의 한민족 이주는 시련과 핍박으로 얼룩진 히스토리다. 한민족 디아스포라가 이주한 땅에서 겪은 어려움은 각각의 형편과 사정에 따라 다르긴 해도, 힘겨웠다는 공통점이 있다. 그 중에서도 일본은 한국의 근현대사에 많은 영향력을 끼친 게 사실이다. 히브리서에 나오는 복음 전하는 자들에게 전해진 고난과 비견할 수 있을 정도로 말이다.

한민족의 일본으로의 이주는 구한말 나라의 상황이 풍전등화와 같은 상황 속에 처해 있을 때 시작되었다. 4명의 유학생이 일본 땅을 밟으며 시작된 이주는 조선이 일본에 의해 주권이 빼앗기고 국권이 박탈당하며 식민지배의 상황에서 이어졌다. 해방되기 전까지는 대부분 자발적 이주가 아닌 강제적 이주였다. 그래선지 그 척박한 땅에서의 복음은 더욱 어렵게 전해졌다.

일본은 우리나라에 복음이 전해지는 데 상당한 영향을 미친 이수정이 복음을 받아들여 성경을 한글로 번역한 곳이다. 만주에서 조선으로의 선교가 시도될 무렵, 일본에서는 개화파 지식인 이수정 (1842~1886)이 조선 선교를 위해 노력하고 있었다. 일본 농학자를 통해 성경을 배우고 복음을 받아들인 이수정은 도쿄에서 최초로 세 워진 로게츠죠교회(현, 시바교회)에서 세례를 받고 기독교인이 되 었다.

[71]1883년, 일본의 기독교 역시 부흥하기 시작했는데, 당시 전국 기독교도 대친목회가 열리는 동안 이수정은 한국어로 대표기도를 했고, 요한복음 15장을 중심으로 자신이 그리스도의 종임을 고백했 다. 한문으로 된 성경을 읽었지만 영적인 눈이 뜨여져 깨달음이 임 한 그는 삼위일체 하나님의 내재하심을 한국적 비유로 바꾸어 표현 하는 등 탁월한 신앙고백을 했다.

그의 고백은 일본에 들어와 있던 재일 미국 선교사들과 일본교회 에 큰 자극을 주었는데, 그 뒤 한글로 성경번역을 제안 받고 그 일 을 시작했다. 전도의 첫 열매도 맺었는데, 당시 동경외국어학교 한 국어 교사로 있던 사람이 이수정에게 성경과 교리를 배우며 큰 변 화가 생겼다. 얼마나 이수정에 대한 신뢰가 깊었는지 그가 기독교 박해로 죽는다면 따라 죽을 각오를 말하기도 했다고 전한다.

점점 일본에 들어온 한인들 중에 복음을 받아들인 이들이 생겨나 면서 이수정은 자신이 전도한 한인들을 모아 주일학교를 열었다. 일단 한문교리문답서를 교재로 하는 주일학교가 1883년 시작된 뒤, 주일이면 설교자를 초청하여 정기적인 예배를 드렸고, 그것은 1883 년 말에 동경에 세워진 최초의 한인교회가 되었다.

이수정의 활동은 선교사들에게도 조선 선교의 가능성을 타진하게 했고, 실제로 미국 교회는 조선으로 선교사를 보내달라는 이수정의 요청에 따라 언더우드와 아펜젤러 선교사를 파견함으로써 조선 선교의 문이 더 빠르게 열린 계기가 되었다.

하지만 이수정의 이 예배공동체는 한국과 일본의 정치적인 관계 때문에 더 이상 발전하지 못했다. 얼마 뒤 이수정이 조국으로 돌아와 은거 중에 병사하게 되면서 잠깐 복음의 줄기가 끊기는 것 같았으나 하나님은 그렇게 쉽게 손을 놓지 않으셨다.

일본 내 한민족 디아스포라들이 계속 유입되면서 항일운동의 바람이 유학생 중심으로 퍼져 나갔다. [72]1906년, 김정식을 중심으로 동경 한인 YMCA가 설립되면서 선교가 시작되었다. 이 단체는 일본에 거주하는 한국 유학생이 모여 해방의 꿈을 키운 단체로, 이들은 기독교 정신으로 무장하고 조국의 독립을 위해 일어섰다. 한국 청년들의 나라사랑 정신을 기리며 모였고, 훗날 2·8 독립선언을 함으로써 3·1운동의 도화선이 되었다.

YMCA가 청년단체로서 활동을 하면서 1908년 교회가 조직되기도 했다. 당시 독립운동가 조만식 선생 등 2·8 독립선언을 주도했던 한국 유학생 10여 명이 설립의 주축이 되었다.

하지만 일본 내 유학생 선교를 이끌었던 것은 그 이듬해 1909년 한석진 목사가 파송되면서였다.

평양신학교가 배출한 한국 최초의 7인 목사 중 한 사람인 [73]한석진 목사(1868-1939)는 유학자의 집안이었지만 복음만이 유일한 진리임을 깨닫고 기독교인이 되었는데, 일본과 만주 등에서 선교의 선구자가 되었던 이들과 만나며 기독교 사명을 깨닫고 에큐메니컬(ecumenical: 교회일치) 운동을 벌였다.

특히 일본에서 유학생들 중심으로 교단이 나뉘어 교회가 세워지려는 계획에 단호하게 대응하며 초교파적 연합교회를 세움으로 선한 뜻을 펼쳐나갔다. 이렇게 한석진 목사가 교회일치운동을 벌인 덕분에 하나의 교회가 세워진 가운데 항일정신을 고취시키며 복음 전파에 앞장섰다. 유학생을 중심으로 이뤄진 복음 전파는 한국 전도의 하나로 자리잡아갔으며, 후세까지 영향을 미쳤다.

그 후 나라를 완전히 빼앗긴 고국의 상황에 따라 일본 내 우리 동포들의 삶은 더욱 어려워졌다. 하지만 일본 곳곳에서 유학생을 중심으로 기도회가 조직되면서 전도사업이 시작되었다. [74)]교토, 오사카, 고베 등에 유학생들의 선교가 이어졌고, 고쿠라 교회, 후쿠오카 교회 등 교회가 설립되었다.

1930~1940년대에 들어섰을 때 우리 한민족의 생활은 더욱 곤고해졌다. 만주, 사할린 등으로 강제이주 또는 군수사업 등에 강제징용으로 끌려오는 한민족들이 많아졌다. 노동력에 동원되고 언제 돌아갈지도 모를 기약 없는 삶에 지쳐있을 때, 그들은 소망을 품고 교회로 모여들었다. 고통 속에 핀 꽃이 더 아름답다. 일본의 복음화율이 낮은 가운데에서도 교회가 세워져 한민족이 모여 서로를 위로했고, 계속되는 일본의 방해와 탄압 속에서도 예배를 드렸다. 일본 정부는 한인교회를 일본 기독교회에 속하게 하면서 한국어 설교를 못하게 하는 등의 탄압을 서슴지 않았지만 그 가운데서도 복음은 뿌리를 내렸다.

해방 후에도 일본 내 한민족 디아스포라를 중심으로 복음은 이어지고 있다. 다만 기독교 전파가 우리나라에 비해 일찍 시작되었음에도 불구하고, 외래 문물에 대한 배척과 그들의 종교적 토양의 특수한 면으로 인해 복음은 깊숙이 뿌리내리지 못했다. 더군다나 기독교 탄압정책이 이루어졌기에 복음이 널리 확장되지 못했다. 그 속에 우리 한민족 디아스포라들의 복음을 지키기 위한 노력과 민족의식이 지금껏 명맥을 유지하고 있다는 것은 하나님의 은혜다.

지금 일본 내 거주하는 한민족은 약 85만 명이다. 일본 내 기독교 인구가 전체 인구에 1%를 넘지 못하고 교인의 고령화가 급속히 진행되는 가운데, 복음의 깃발을 들고 민족정신을 고취시켜 나가던 한민족 디아스포라의 복음을 위한 움직임이 다시 시작되어야 할 것이다. 초교파적으로 일치하여 복음 전도를 펼쳐나갔던 그때의 정신으로 십자가의 불빛이 비춰지기를 기대한다.

세계 곳곳으로 퍼져나가는 복음

중동 지역에 한민족 디아스포라가 형성된 것은 산업화와 함께였다.

1970년대 한참 한국에 산업화의 붐이 일 때 중동지역으로부터 오일쇼크 사태가 벌어졌다. 국제유가가 폭등하게 되면서 전 세계 경제가 휘청거렸고, 그로 인해 한국도 석유 주도권을 쥐고 있던 중동으로 진출을 모색할 수밖에 없었다. 유가 폭등으로 한국의 정치와 경제 모든 면에서 충격에 빠졌기에, 정치적으로는 석유에 대한 결정권을 쥐고 있는 중동권과 친화하면서, 경제적으로는 오일쇼크를 이겨내기 위해 경제력을 확보해야 했다.

한국의 노동자들이 중동의 건설업 현장으로 향했고, 산업역군으로서의 역할을 톡톡히 해내면서 중동 지역을 중심으로 정착한 한민족 디아스포라가 형성되게 되었다.

사실, 중동은 디아스포라 선교와 밀접한 영향이 있는 곳이다. 디아스포라 선교의 모델이 되었던 사도 바울은 중동지방의 터키 다소 출신의 유대인이었다. 다시 말해, 디아스포라 출신으로 이방인을 위한 복음 전파에 앞장선 사람이 사도 바울이다.

그는 이방인의 구원과 선교를 위해 선택받아 전 세계를 다니며 복음 사역에 앞장섰지만 자기 민족도 사랑했다. 예수님의 명령에 따라 이방을 다니며 디아스포라 선교를 시도했다. 방문하는 지역마다 유대인 회당에 들렀고, 회당에 모인 유대인 디아스포라에게 복음을 전했다. 그들이 그 복음을 전해들을 때 예수님께로 나아왔다.

지금의 중동 지역에 진출해 있는 한민족 디아스포라는 다른 나라에 비해 그 숫자가 많지는 않다. 오일쇼크로 중동에 진출한 뒤 귀국하지 않고 건설업을 돕는 일을 하며 정착한 1세대 근로자들과, 대기업의 진출로 인해 파견 나온 이들과, 주재원 등 중동의 여러 지역에 흩어져 살아가고 있다.

[75]2013년 통계에 따르면 중동에 거주하는 한국인이 2만 5천여 명이라고 하니 많은 인원은 아니다. 이것은 중동이 여러 나라들의 이민을 받아들이거나 영주권을 주지 않기 때문에 상대적으로 이주민이 적다고 볼 수 있다.

그래서 적은 인원이나마 중동에 진출한 한인 디아스포라들의 역할이 더 중요하다. 특히 중동은 바울로 인해 디아스포라 선교가 이루어진 곳인 동시에, 현재는 이슬람권 문화의 지배적인 영향을 받고 있기에 진리의 복음이 전해져야 한다. 다행히 한민족들이 중동의 각 나라에 고루 퍼져 있고, 단일 직업에서부터 다양한 형태의 경제 활동에 관여하고 있어서 한인사회가 다양하게 형성되어 있다.

특히 현재는 아랍의 봄이 왔다고 표현할 정도로, 젊은 세대는 물론 나이든 세대들에게도 변화를 요구하며 사회적으로 급격하게 변해가고 있다. 그래서 정착한 한인들의 자녀, 즉 1.5세대 2세대의 역할이 중요하다. 그들은 현지국가에 적응하여 잘 살고 있으며 현지인과 가정을 이루고 있는 경우도 많기에 현지인과 잘 어울려 지낼 수 있는 가능성이 많다.

무엇보다 중동지역은 한인 디아스포라들을 하나로 이어주는 역할을 교회가 하고 있다. 많은 이들이 중동지역에는 이슬람 외에 타종교가 접근 못하는 것으로 알고 있지만 그렇지 않다. 100여 개국 출신의 노동자들이 이곳에서 일하고 있기 때문에 종교에 따라 신앙생활을 하고 있다. 한민족을 위한 교회도 세워져서 복음을 지켜나가고 있다. 사우디와 예멘을 제외한 5개국(쿠웨이트, 오만, 아랍에미리트연합, 바레인, 카타르)에서는 정부의 승인 아래 크리스천들이 자유롭게 예배를 드린다.

중동의 하와이라 불리는 쿠웨이트는 종교의 자유가 있는 대표적인 나라로, 쿠웨이트 국민을 제외한 외국인에게 전도할 자유가 있고, 실제 많은 기독교인들이 예배를 드리며 복음을 전하고 있다.

중동지역의 첫 교회가 된 쿠웨이트 한인연합교회 역시 초교파 교회로 매주 2만여 명의 기독교인들이 종교부지의 21개 교회당에서 예배를 드리고 있다니 다행한 일이다.

이슬람 문화권에서 우리 한민족 디아스포라들의 복음을 위한 행진이 필요하다. 무슬림을 두려워할 것이 아니라 그들을 이해하고, 나아가 복음 전파의 기회로 삼아야 한다.

중동의 한인사회는 교회를 통해 연결되고 있다. 선교에 동원할 수 있는 여건을 갖추고 협력하는 한인교회가 증가하고 있는데, 이젠 좀 더 적극적으로 한민족 디아스포라와 그 후대, 아랍어를 말하며 아랍문화에 적응한 그들이 선교사로 세워져 일터에서, 생활에서 바울처럼 복음의 빛을 전하기를 기대한다.

검은 대륙을 향한 하나님의 뜻

한민족이 아프리카 대륙으로 이주한 시기는 중동보다 조금 더 늦은 1980년대였다. 아프리카 대륙으로 이주한 디아스포라는 비즈니스 차원의 정착이 아닌, 선교적 차원에서의 접근이 대부분이다.

아프리카는 1948년 한국정부 수립 이후 유엔 회원들과 수교를 시작하면서 1961년 아프리카로 범위를 확대하면서 교류가 시작되었다. 아프리카의 대표적인 국가인 가나의 경우 1980년대 중반부터 한인 선교사 사역이 시작됐으며, 그때부터 한민족 디아스포라의 정착이 이루어졌다고 볼 수 있다.

[76]아프리카에 복음이 전해진 선교의 역사는 한국보다 오래되었다. 하지만 검은 대륙의 외적인 성장에 비해 그들은 영적으로 성숙하지 못했다. 그들이 서구 제국주의의 식민지로 살면서 기독교 전통과 문화를 가르치는 데만 주력했을 뿐 크리스천 리더로 키우는 것을 등한시했기 때문이다. 그 결과 지금도 아프리카에는 이단이 침투하고 전통 종교와 혼합되는 일도 잦다. 말라리아 원인이 규명되고 치료제를 개발하기 전까지 아프리카는 선교사들의 무덤이란 말이 들릴 정도로 내적인 성숙이 느렸다. 정치 사회적으로도 워낙 문제가 많았기에 체계적인 경제 발전을 이룰 수도 없었고, 아프리카에까지 이슬람의 영향이 있었기에 여러모로 복음화에 장애물이 많았다.

그럼에도 아프리카를 향한 디아스포라의 복음 사역은 다른 곳에 비해 늦었지만 많은 가능성을 지니고 있다. 땅 끝까지 복음을 전하라는 명령에 따라, 아프리카는 디아스포라 선교가 더욱 필요한 곳이 되고 있다. 조금은 느린 그들의 곁에서 현지인으로서 함께 생활하며 복음을 전하는 디아스포라들의 활약이 필요하다.

특히 아프리카는 전 세계 어떤 대륙에 비해 가장 가능성이 풍부한 곳이다. 전 세계 면적의 20.4%에 해당하는 넓은 땅에 천연자원이 풍부하게 매장되어 있다. 따라서 복음으로 의식을 새롭게 하고 다양한 교육과 기회를 통해 현지인 크리스천 리더를 세우는 등 전인적인 선교로 이어져야 할 것이다.

지금도 많은 선교사들이 아프리카를 향하고 있다. 그들은 아프리카에 자발적으로 정착하며 한민족 디아스포라로서 복음 전파에 집중한다. 그곳에서 나고 자란 것은 아니지만 자발적 한민족 디아스포라로서 복음의 빚진 자의 사명을 감당하고 있는 셈이다.

그들의 귀한 발걸음은 아프리카 사회를 변화시키고 있다. 또한 선교사 가정에서 2세 선교사가 배출되어, 누구보다 현지 문화와 언어 습성에 익숙한 디아스포라 선교사로 활약하고 있다. 어떻게 보면 아프리카는 한국 이주사에서 제일 늦게 진출한 곳이지만, 디아스포라 선교의 좋은 모델이 되고 있는 셈이다.

디아스포라여, 다시 복음의 깃발을 들라

한민족 디아스포라 115년의 역사, 공식 이민 이전의 기록까지 포함하면 150년이 넘는 역사를 지닌 디아스포라 역사 속에 하나님은 복음과 함께 하도록 이끄셨다. 역사의 중심에 서서 온갖 풍파를 온몸으로 맞게 하면서도 복음의 메시지 속에 위로를 하셨고, 어려움을 견디며 불끈 일어서서 복음의 빚진 자로서의 사명을 감당하게 하셨다. 그렇게 한민족 디아스포라는 복음을 든 독립투사도 되었고, 복음 든 선교사도 되었으며, 복음 든 주님의 사람으로 살게 하셨다.

1863년 간도로 건너가면서 시작된 재중 한민족 디아스포라의 삶에 복음과 십자가는 조국을 그리워하는 한민족의 안식처가 되기도 했고, 독립의식을 고취시키는 힘이 되기도 했다.

김약연 선생(훗날 목사)을 중심으로 시작된 교회는 간도 일대 한인촌을 이루고 살던 우리 한민족들의 마음 밭을 그리스도의 마음으로 채워야 함을 가르쳤다. 또한 하나님께서 선택하신 민족으로서의 뜻하신 바를 깨닫고, 어떻게 살아야 하는지, 어떻게 복음을 전하며 살아야 하는지 말씀을 통해 알게 했다.

명동촌을 중심으로 한인촌이 여러 곳 형성되면서 중국 내 한민족 디아스포라들은 하나로 뭉쳤고, 특히 조국의 독립을 기도하며 부흥의 깃발을 들어올렸다. 비록 지금은 옛터로만 남아있지만 그 당시 세워진 교회는 복음 든 디아스포라들의 활약으로 학교를 세워 가르치고, 민족을 하나로 모으는 역할을 했다. 명동학교를 비롯한 곳곳에 학교를 세워 민족독립운동가들을 교육하고 계몽하고 배출해내는 인재 양성소가 되는데 복음이 바탕이 되었기에 더욱 지경을 넓

힐 수 있었다.

중국 만주 땅을 비롯한 하와이, 멕시코 등을 다니며 민족의식을 고취시킨 [77]도산 안창호 선생 역시 복음을 든 디아스포라였다. 기독교를 받아들인 뒤 회심하게 된 그는 1904년 미국 캘리포니아주 리버사이드로 이주해 오면서 밭에서 일하는 동료들과 함께 미국 대륙에서는 최초로 한인공동체를 이루었다. 그는 오렌지 하나를 정성껏 따는 것도 애국이라며 동포에게 민족의 얼을 심어주는 동시에 기독교 정신에 입각한 복음을 전했다.

기독교 정신에 입각한 흥사단을 조직해서 계몽 독립 운동을 전 세계적으로 디아스포라들에게 전했고, 그 정신으로 하나가 되도록 이끌었다. 그는 복음의 깃발을 들고 많은 이들을 계몽시키고 민족을 하나로 모으는 데 온 힘을 쏟았다.

비록 조국의 해방을 보지 못한 채 천국으로 갔지만, 그가 남긴 흔적과 복음의 열매는 지금껏 후대에 영향을 미치고 있다.

"진실은 반드시 따르는 자가 있고 정의는 반드시 이루는 날이 있다."

그가 남긴 어록은 복음의 진리를 근거로 한 말이요 정신이었다.

미국 땅에서 복음의 깃발을 들었던 디아스포라들의 활약은 더욱 두드러졌다. 하와이 사탕수수 농장 이민자 명단에 오른 인천 내리 감리교회 교인들을 중심으로 예배 공동체가 형성되며, 그들은 교회를 세웠고 교회와 함께 민족의 정신을 계승할 학교를 세웠다.

특히 사진신부로 하와이 땅에 도착해 가정을 일군 많은 어머니들은 한민족 특유의 교육열과 민족의식을 바탕으로 열성적으로 복음 전파와 교육에 힘썼다. 평신도들의 노력과 열정으로 교회와 학교가 세워졌는데, 그곳에서 부흥과 발전, 민족의식이 강해졌다. 그들은 하와이 땅에 정착하면서 신문을 발행해 소식을 교류했고, 예배 공동체를 통해 교회연합 활동을 하는 등 시대를 앞서나간 활동을 이어갔다.

[78]교회 건물을 짓기로는 처음인 에바농장교회가 지어질 때는 한민족 135명이 3백 달러나 헌금하여 농장주에게 주면서 교회를 지어달라고 요청했다고 한다. 이에 그 농장주가 그들의 믿음에 감동해서 1천 달러나 더 보태, 예배당을 건축했다고 한다.

또한 정착하는 곳마다 교회가 세워지다보니 교파도 나뉘게 되었는데 그들은 연합을 주도해 나갔다. 감리교회와 구세군, 성공회 등을 하나로 합친 '통공회'라는 연합단체를 만들어 서로 교단과 교회가 연합하고 돕는 선진구조를 만들어 놓았다.

그렇다보니 당연히 그들의 리더도 복음 든 디아스포라로 활약을 벌였다. 이승만(1875~1965) 전 대통령이 한인기독교회에서 한국사와 한국어 강좌를 담당했고, 무장항일운동을 주장했던 박용만(1881~1928) 선생도 네브라스카주에 소년병학교를 세웠다. 이것은 그가 몸담은 장로교의 후원을 받아 세운 민족 학교가 되었는데, 이러한 복음을 든 디아스포라들의 활약으로 이주한 땅에 세워진 한인교회는 복음 전파의 진원지로서, 앞서가는 복음 전파의 마중물이 되어 주었다.

복음을 든 디아스포라들의 활약은 이뿐만이 아니다.

러시아 너른 땅을 누비며 한민족의 고난의 삶을 이끌었던 [79]최재형(1858~1920) 선생은 러시아 내 성공한 한민족 디아스포라로서 한인들을 도왔고, 학교를 세워 독립군을 양성하고, 독립운동에 많은 도움을 주었으며, 복음을 전하는 귀한 동포였다.

강제이주 이후 중앙아시아로 흩어진 한민족 디아스포라의 고통과 핍박의 삶 가운데에서도 복음 든 디아스포라들의 활약은 이어졌다. 숟가락 하나로 언 땅을 파고 토굴을 만들어 살면서도 척박한 땅을 일구어 작물을 가꾸고 집단농장을 성공적으로 완성해내어 구소련 정부로부터 두 차례나 노력영웅훈장을 받은, 우즈벡의 영웅 80)김병화(1905~1974) 선생을 비롯한 디아스포라의 삶은 핍박 가운데 복음을 지켜낸 이스라엘 민족의 그것과도 같았다. 복음의 메시지는 그들을 견디는 힘이요, 희망이요, 기대였다.

이렇듯 많은 이들의 활약으로 한민족 이주사는 복음을 잃지 않고 오히려 복음을 지켜냈으며, 대를 이어 믿음의 유산을 지켜낼 수 있었다. 복음은 이 땅에서의 삶을 더욱 열심히 살아야 하며 민족을 위해 일어설 수 있는 힘을 주었기에, 가는 곳마다 회당을 세우고 그곳에서 교육을 시작하고 신앙의 정체성을 심어줄 수 있었다.

디아스포라 역사를 거쳐 오면서 우리 한민족 디아스포라는 복음을 잃지 않으려 노력했다. 물론 현지 사회에 적응하기 위해 현지인과 가정을 이루거나 또는 한인 공동체의 유대가 없어진 관계로 복음이 계승되지 못한 경우도 있었다. 신앙을 지킨다는 이유로 차별을 받기도 했고, 거주하는 국가의 종교로 개종해야 하는 상황 앞에 서기도 했다.

그들이 세운 교회가 핍박 받기도 했다. 멕시코 에네켄 농장의 고통스러운 삶을 피해 다시 흩어져 들어간 쿠바는 사회적 상황이 어지러웠다. 그 가운데에서도 쿠바 지방회를 설립하고 학교 교회를 설립했지만, 피델 카스트로(Fidel Castro, 1926~현재)의 쿠바혁명으로 새로운 교회는 더 이상 세워지지 못했다. 다행히 기존의 교회는 활동을 계속 이어갈 수 있었다. 신앙의 자유에 제한도 있었지만 오히려 그러한 핍박으로 인해 교회의 연합이 이루어지기도 했다.

그들은 기독교 복음이 개인뿐 아니라 사회구원의 빛으로 받아들여 국권회복의 길을 민중에게 보여주며 선도했고, 무능과 부패에 빠진 한국 사회의 여명과 같이 여겼기에 목숨 걸고 복음을 지키며 이주사회를 살아간 것이다.

이렇듯 한민족 디아스포라에게 복음의 불길은 꺼지지 않고 지금까지 이어오고 있다. 2015년 외교부 자료에 의하면 전 세계 181개국에 약 720만 명의 한민족 디아스포라가 흩어져 살고 있다. [81]그중에서도 세계 곳곳에 세워진 한인교회가 총 76개국에 약 6천여 개에 달한다.

한인교회가 전 세계에 세워지게 된 데에는 디아스포라들의 역할이 컸다. 그들이 흩어진 곳에서 복음을 지켜냈기 때문이다. 하지만 몇 세대를 거쳐 오는 동안 디아스포라들의 삶은 변화와 개혁, 적응과 차별 등의 또 다른 바람을 견뎌내야 했다. 디아스포라 1세대들의 경우와는 달리 2, 3세대로 내려오면서 갈등 요소들이 나타나기 시작했는데, 대부분 자신의 정체성에 대한 고민에서 시작된 것이다.

'나는 누구인가? 한국인인가, 아닌가?'
이런 정체성에 대한 고민은 복음에서도 멀어지게 되는 결과를 낳기도 했다. 일례로 미국한인교회의 경우 한인 2세대들부터 정체성에 대한 고민 때문에 교회로부터 멀어지는 이들이 많아졌다. 멕시코를 비롯한 중남미의 경우에는 이러한 현상이 더욱 두드러진다.

특히 중남미에 거주하는 우리 동포들의 경우 사방에 뿔뿔이 흩어지고, 고국의 연결고리도 거의 끊어진 상황에서 현지 사회에 적응하며 살아야했기에 현지인화 되었다. 현지인과 결혼해서 가정을 이루다보니 2, 3세로 내려오면서 그들은 겉모습에서도 한국인의 흔적을 보기 힘들 정도가 되었다.

또한 세대가 내려오면서 이주 초기에 어떻게든 민족의 얼을 불어넣어주려 했던 때와는 달리, 사회에 적응하며 살고 개개인의 삶을 살다보니 한국인의 뿌리를 심어주는 일에도 소홀해지는 경우가 다수 생겼다. 어떤 고려인 4세는 자신이 한국인이란 사실을 대학에 가서야 알았다고 고백하기도 한다. 그렇다보니 정체성에 대한 고민은 더욱 컸을 것이다.

이런 시대적 배경과 사회적 특성상 한인교회의 정체성, 디아스포라의 신앙적 약화는 고민거리지만, 하나님은 다시 그들을 부르고 계신다.

미국 한인교회의 경우는, 교회를 떠난 2, 3세대들을 위한 한국인 모임을 주도하는 등 노력을 기울였다. 특히 한국적인 기독교 문화를 한껏 녹여낸 새벽기도회와 같은 부흥을 위해 기도했다. 그 결과 또 다른 한민족 디아스포라인 한인 2세, 3세들이 교회로 모여들고 있다고 한다. 한국적 기도회를 열어 캠퍼스에 부흥의 물꼬를 트기도 하는 등 선교 중심적인 한국 기독교의 영향을 받아 믿음을 지켜가고 있다.

이것은 또 하나의 은혜이며, 복음을 든 디아스포라들의 나아갈 바를 알려주는 대목이다. 이미 115년 전 복음을 들고 세계로 퍼져나간 우리 한민족 디아스포라들. 그들이 지켜온 복음에 대한 강한 소망이 이제 하나 둘씩 열매를 맺고 새로운 씨앗을 잉태하고 있는 것이다.

지금은 한민족 디아스포라를 향해, 그리고 한민족 디아스포라를 통해, 다시 복음의 깃발을 높이 들어야 할 때이다.

제4장(Chap.4)

21세기 디아스포라 행전(行纏)

하나님은 시대의 흐름에 따라 선교의 도구를 사용하신다.
디아스포라야말로
글로벌 시대에 최상의 선교 도구다.

"그 흩어진 사람들이 두루 다니며 복음의 말씀을 전할새"(사도행전 8:4)

하나님은 지금 이 시간,
이 말씀의 실천자로 한민족 디아스포라를 쓰신다.

흩으심을 통한 복음 전파

인류의 흩으심을 통해 하나님이 궁극적으로 하시려는 일은 무엇일까? 그것은 복음이 땅 끝까지 전파되는 것이다. 그래서 흩어짐의 도구로 사용하신 민족이 유대인 디아스포라였다.

유대인의 흩어짐은 전 세계를 대상으로 했다. 많은 민족 가운데 유대인을 선택하신 것은 하나님의 뜻이었다. 그러나 그들은 선택받은 민족의 역할이 무엇인지 이해하지 못했다. 그리고 계속해서 하나님께 불순종했다. 이방인들로 인해 이스라엘이 패망을 당하고 흩어짐을 당한 것은 그런 이유에서였다.

하지만 하나님은 그들을 포기하지 않으셨다. 그래서 그들을 계속 연단시키시고 마침내 예수 그리스도가 이 땅에 오시는 통로의 역할을 하게 하셨다. 그리고 그들에게 온 세상에 복음을 전파하는 사명을 주셨다.

그렇게 하나님이 유대인을 복음의 도구로 사용하실 때, 유대인들은 어떻게 복음을 전할 수 있었을까? 여기에는 하나님의 놀라운 섭리가 있다. 그것은 바로 당시 세계를 통치하던 제국을 활용하신 것이다.

제국의 등장은 세계를 하나의 공용어권에서 생활하도록 했다. 예수님 당시 세계를 통치하던 로마제국의 공식 언어는 라틴어였지만, 사회 문화적으로 헬라제국의 깊은 영향을 받았던 세계는 헬라어를 공용어로 사용하고 있었다. 따라서 유대인들은 초대교회 당시 세계의 공용어였던 헬라어를 사용하고 있었다. 더구나 유대인들의 디아스포라 경험은 공용어와 함께 각자 흩어진 지역의 언어를 자연스레 구사할 수 있도록 했다. 그렇기에 유대인들은 이주한 곳에서 헬라어와 그 지역의 언어를 구사하는 등 의사소통에 어려움이 없었다. 당연히 복음을 전하고 지켜나가는 일도 수월했다.

이렇듯 하나님은 상황을 통해 언어 소통의 걸림돌이 없도록 하셨다. 언어문제가 없다보니 사회적 관습과 문화를 받아들이는 것도 쉬웠다. 타지에서 사는 디아스포라에게 현지 문화와 전통, 역사를 이해하는 것만큼 현지인들과 좋은 교제 방법이 없다. 그런데 유대인 디아스포라들은 그것이 가능했던 것이다.

이런 배경에 더해, 유대인들은 머문 곳마다 회당을 세우고 기도 공동체를 유지하고 있었다. 그런 상황에서 사도행전 2장에서 나타난 것처럼, 유월절에 예루살렘을 방문했다가 예수님을 믿고 성령충만을 받은 유대인 디아스포라들은 예루살렘으로부터 유대와 사마리아와 땅 끝까지 이르러 복음을 증언하는 사명을 감당하기 시작했다. 그들이 가는 곳마다 복음이 전해졌다. 특히 베드로 사도와 이방인의 사도로 불렸던 바울 사도 같은 경우 이방선교의 문을 열었다.

물론 유대인들에게는 선민의식이 너무 강하게 박혀 있다는 한계도 있었다. 그들의 민족우월적 태도는 복음을 전 세계에 전파하는 데 걸림돌이 되기도 했지만 바울과 바나바와 같은 디아스포라 유대인들은 이런 한계마저 뛰어넘어 영향력을 미쳤다. 복음의 지경이 넓혀졌던 것이다. 유대인 디아스포라는 자신들이 지닌 디아스포라의 장점을 누구보다 잘 활용하며 복음을 전했다. 유대인 디아스포라들은 유대 문화와 헬라 문화 사이에서 문화 수용적이었고 언어의 한계도 뛰어넘을 수 있었기 때문이다. 그들은 디아스포라, 즉 이방인으로 살면서 "이방인이나 유대인이나 모두에게 그리스도 예수의 복음을 통해 구원받을 수 있다"고 전했다.

> **"그때에 스데반의 일로 일어난 환난으로 말미암아 흩어진 자들이 베니게와 구브로와 안디옥까지 이르러 유대인에게만 말씀을 전하는데 그 중에 구브로와 구레네 몇 사람이 안디옥에 이르러 헬라인에게도 말하여 주 예수를 전파하니 주의 손이 그들과 함께 하시매 수많은 사람들이 믿고 주께 돌아오더라"** (사도행전 11:19-21)

이렇듯 유대인 디아스포라는 하나님의 흩으심을 통한 복음 선포의 도구로서 아름답게 쓰임 받았다.

이제, 세계는 더욱 다양해졌고 마지막 시대를 향해 가고 있다. 더 많은 민족이 여러 가지 이유로 흩어지고 있다. 이런 상황 속에서 하나님은 복음이 땅 끝까지 전해지기를 원하신다. 나는 그 일을 감당할 도구로 한민족 디아스포라를 선택하셨다고 믿는다. 초대교회시대에 성령강림과 함께 디아스포라들이 전 세계로 복음을 전했던 것처럼, 하나님은 마지막 시대에 한민족 디아스포라들이 복음의 도구로 사용되기를 원하신다고 믿는다. 초대교회 사도들이 사도행전을 써내려가며 믿음의 행진을 했던 것처럼, 지금 이 시대 복음으로 재무장한 한민족 디아스포라 사도행전을 계속 써나가기를 원하고 계신 것이다.

21세기 선교의 꽃, 디아스포라 선교

지난 2010년, 남아공 케이프타운에서 제3차 로잔대회(The Third Lausanne Congress on World Evangelization)가 열렸다. 선교에 대해 새로운 지평을 열고 다가올 세대를 준비하는 선교대회인 로잔대회가 진행되는 내내 빠짐없이 등장한 말이 있었다. 그것은 바로 '디아스포라 선교'였다. 이전 제2차 로잔대회에서 '미전도종족 선교'가 집중조명을 받았던 것과 달리, 확실히 선교의 새로운 패러다임이 요구되고 있음을 알 수 있었다.

왜 이렇게 새로운 선교의 패러다임이 자꾸 대두되는 것일까. 지금까지 복음이 전파되는 선교의 패턴을 살펴보면 알 수 있다. 그것은 시대와 상황이 바뀌고 그에 따라 복음 전파의 방법과 도구들도 달라져야 함을 말해주는 것이다.

[82)]초대교회를 통해 이방인 선교가 이루어진 뒤 선교의 패러다임은 시대의 상황에 따라 바뀌었다. 대륙 간의 이동, 민족의 이동, 신대륙의 발견 등의 사건에 따라 복음이 전파되었다. 당연히 복음을 들고 곳곳으로 향한 선교사들의 방향이 달라졌다.

처음에는 지중해권 여러 지역에 흩어진 유대인들을 통해 초대교회의 복음 전도가 이루어졌다. 예수님이 계셨던 당시만 해도 지구촌 인구의 1/4이 로마제국에 있을 정도로 거대제국이었기에 유대인 디아스포라는 복음 전달자로서의 역할이 컸다

그러다가 세계는 더 이상 지중해 세계가 아닌 다양한 세계로 변화했다. 대서양과 인도양 그리고 태평양을 아우르는 5대양 6대주의

세계가 되었다. 민족과 문명이 다양해지면서 복음 전파의 방법도 다양해져야 했다. 당연히 선교의 패러다임도 바뀌었다.

복음을 알지 못하는 나라와 민족에게 전파되던 복음전도는 지중해 지역선교, 수도원 선교를 통한 유럽 선교, 모라비안 공동체로 시작된 평신도 해외선교운동, 지리상의 발견과 더불어 시작된 식민지 선교, 청교도 공동체 그리고 이어진 해안 선교와 내지 선교, 미전도 종족선교 등으로 시대에 따라 변화를 이어왔던 것이다.

이러한 발전 과정 속에는 선교에 헌신한 많은 이들의 부르심과 헌신이 있었다. [83]근대선교의 시작을 알린 윌리엄 캐리(William Carrey, 1761.8.17-1834.6.9)는 하나님의 부르심을 받고 '위대한 일들을 기대하라 위대한 일들을 시도하라'는 선포를 하며 해외선교의 첫발을 내디뎠다. 작은 교단에서 처음 파송된 해외 선교사였지만 그는 원대한 꿈을 꾸며 선교했다.

인도 토착교회를 세우고, 인도대륙의 주요한 언어로 번역된 성경 번역본을 가지고 사람들을 감동시키며 복음을 전했다. 1794년 인도 캘커타에 도착한 뒤 사명을 마치는 날까지 인도인들과 함께 하며 선교에 앞장섰던 그는 해외선교의 물꼬를 트며 선교 패러다임을 바꾸었다.

선교의 패러다임은 해안선 중심에서 내지로 바뀌었다. 캐리의 뒤를 이은 허드슨 테일러(James Hudson Taylor, 1832~1905)는 중국내지선교회의 설립자로, 동방 선교의 본을 보였다. 아무도 들어갈 수 없었던 중국 내지로 들어가 복음을 전했고, 많은 선교사 동역자들을 모아 중국내지선교회를 만들고 조직적으로 선교활동을 이어갔다.

이렇게 위대한 선교사들의 위대한 발걸음은 시대적 상황이나 환경에 따라 패러다임을 바꾸며 발전했고, 그를 통해 복음의 불길은 계속 타오를 수 있었다. 그렇게 근대 선교에서 현대 선교로 발전해 오면서 기독교계는 선교에 대해 고민하고 패러다임을 바꾸어 왔다.

선교의 패러다임이 계속 바뀌고 발전하는 과정에서 문제가 있기도 했다. 유럽 사회를 중심으로 진행된 [84]식민지 선교는 숙제를 남겼다. 서구의 나라들이 영토를 확장하는 가운데 식민지화가 일어났고, 400~500년간 식민지 선교(Colonist Mission)가 이어졌던 것이다. 기독교 선교 우선 정책을 통해 피지배 국가가 복음화 되기는 했으나 그 속에는 강압성이 있었기에 해결점들이 필요했다.

이러한 숙제가 있던 가운데 선교의 방향에 전환점이 된 계기가 바로 '로잔선언'(Lausanne Covenant)이다.

[85]'우리는 복음이 온 세계를 위한 하나님의 좋은 소식임을 믿으며 이 복음을 온 인류에게 선포하여 모든 민족으로 제자 삼으라. 분부하신 그리스도의 명령을 그의 은혜에 의해 순종할 것을 결심한다. 그러므로 우리는 이에 이 신앙과 이 결단을 확인하고 우리의 이 언약을 공포하려 한다.'

1974년 미국의 빌리 그레이엄(Billy Graham, 1918~현재) 목사와 존 스토트(John Stott, 1921~2011) 목사를 비롯한 3,700명의 전 세계 복음주의 대표들이 스위스 로잔에 모여 세계 선교를 위한 제1차 로잔대회를 열었다. 150여 개 나라에서 모인 크리스천 대표들은 로잔선언을 통해 복음주의를 바탕으로 한 세계 선교 정책을 천명했고, 그로 인해 선교의 패러다임은 또 한 번 커다란 변화를 맞이했다.

로잔선언은 당시 세계 선교개념을 제3세계까지 확대시켰다. 땅 끝까지 이르러 복음의 증인이 되기 위한 의지와도 같았다. 당시 세계의 언론에서는 20세기 가장 의미 있는 크리스천 선언 가운데 하나라고 평가했다.

실제 86)로잔선언을 시작으로 선교의 방향이 좀 더 적극적이고 개별적으로 바뀌었다. 하나님의 목적과 그리스도의 재림, 세계 복음화에 대한 열정을 담은 로잔선언에는 많은 복음주의사역자들이 동참했다. 주님의 지상명령을 수행하기 위해 결집했고, 많은 지역교회가 그 정신에 따라 선교사역을 담당했다. 로잔선언 이후 생동감 넘치는 예배와 뜨거운 기도, 열정적 선교사들의 사역을 통해 적지 않은 수의 아시아와 아프리카 남미의 교회와 선교 현장은 더욱 뜨거워졌다.

로잔선언을 통해 선교의 패러다임이 세계 복음화로, 종족 선교로 옮겨갔다. 이전까지 지역을 대상으로 복음을 증언했던 것에서, 복음을 듣지 못한 자(미전도종족)를 위한 선교로 바뀐 것이다.

여기서 말하는 미전도 종족이란 타문화권 선교사의 도움 없이 종족 스스로가 복음화하기 어려운 집단을 말한다. 아무래도 원주민이나 문명의 발전이 뒤처진 종족일 가능성이 크다. 선교학에서는 전체 인구 중 기독교인이 2% 미만인 종족을 의미한다. 로잔선언을 통해 전 세계적으로 1만 6,074개 종족 중 6,918개 종족이 미전도 종족으로 분류되었고, 선교의 방향은 좀 더 차별화되었다고 할 수 있다.

세계 선교는 이 미전도종족 선교와 함께 다양한 민족 중심의 선교의 도구들을 사용하는 중이다. 그렇게 오늘에 이르렀지만 이 선교의 방법에도 한계점이 없을 수 없다. 오늘날 세계 선교에 있어 가장 큰 문제점은 이미 서구 교회가 겪었던 선교의 과부화가 교회 쇠퇴로 이어졌고 그것이 다시 재현될 수 있다는 것이다.

이런 배경 가운데 중요하게 떠오른 이들이 디아스포라이다. 이제는 디아스포라를 통한 선교비전에 주목해야 한다.

디아스포라가 가지고 있는 가장 큰 장점은 거주하는 곳의 문화와 언어 등에 능통하고, 가장 현지화된 사람들이란 점이다. 아무리 기독교가 전 세계적으로 복음을 전파한다고는 하지만 아직도 복음을 듣지 못한 이들이 많다. 또한 선교사를 그 모든 곳에 파송하는 일에도 한계가 있다. 이런 필연적 한계를 뛰어넘어 복음을 듣지 못한 이들의 문화에 익숙하고 언어에 능통한 디아스포라가 움직인다면 상당한 파급효과가 있을 것이다.

지금의 시대는 새로운 선교의 패러다임을 요구하고 있다. [87]전통적 선교에서 포괄적인 통전적 선교로 바뀌며, 교회 안과 교회 밖을 포괄할 수 있어야 한다. 공동체적인 모임에서 전 세계 네트워크 선교로 바뀌면서 광범위해졌다. 세계적으로 네트워크를 형성하는 디아스포라가 21세기 선교의 꽃으로 떠오를 수밖에 없는 이유이기도 하다.

그래서 인구 한 명당 디아스포라 비중이 가장 많이 차지하고 있는 한민족 디아스포라야말로 최적의 선교의 도구다. 이주의 역사 속에 복음을 지켜낸 한민족 디아스포라, 그래서 하나님은 그들을 더욱 주목하고 계신다.

한민족 디아스포라를 향한 부르심

전 세계적으로 흩어진 민족들. 조국을 떠나 거주하게 된 곳에서 생활하는 재외동포들의 숫자가 전 세계 인구의 3%라고 한다. 그리고 앞으로 이러한 이동 현상은 계속 일어나서 2060년에는 그 간극이 더 커질 거라고 예상하고 있다. 디아스포라 선교의 필요성이 더 부각되는 이유이기도 하다.

1980년대 이후 한국은 전 세계로 복음을 전하는 선교에 주력했고, 지금에 이르고 있다. 기독교 역사가 짧은데도 불구하고 전 세계적으로 선교사를 두 번째로 많이 파송하는 나라에 이를 정도로 성장하게 된 것은 하나님의 은혜요, 우리 민족을 향한 하나님의 사랑 때문이다.

21세기 선교의 꽃이라 불리고 있는 디아스포라 선교. 그 선교의 최우선에 유대인이 있었다면 이제 달라진 시대적 상황 가운데 한민족 디아스포라가 떠오르고 있다. 재외동포재단에 따르면 2011년을 기준으로 한민족은, 130여 개국에 퍼져 사는 중국인이나 100여 국에 흩어져 살고 있는 유대인보다 세계 곳곳에 더 넓게 퍼져 살고 있다. 한민족은 이제 지구촌 구석구석까지 가장 넓게 퍼져 있는 민족이 되었다.

오래 전 유대 민족을 흩으실 때 하나님은 유대 민족을 통해 복음도 함께 전파되도록 하셨다. 그들이 거류하는 땅에 회당을 짓고 복음을 지켜내도록 하셨던 하나님의 섭리에 이제 동양의 유대인이라고 하는 우리 한민족이 적극적으로 응답해야 한다.

그러려면 먼저 디아스포라 선교를 주도해나갈 민족으로 우리 민족을 선택하신 이유를 생각해볼 필요가 있다. 왜 한국일까?

하나님께서 우리 한민족을 선택하신 이유는 이스라엘 민족을 선택하신 것과 다르지 않다. 세계적으로 볼 때 면적도 아주 작은 나라, 게다가 그마저 이념의 대립으로 나뉘어져 늘 전쟁의 위험을 안고 있는 나라, 위험과 대치 상황에 있는 나라가 우리나라다. 하지만 그것만으로 끝이 아니다.

동방의 이스라엘로 불리며 복음의 씨앗을 심은 이들이 있었고, 영적 대각성을 통해 회심했으며 그 열정을 이어가고 있다. 지금까지 앞서 한민족 디아스포라의 이주 역사를 살펴보면서 우리는 하나님께서 복음의 씨앗을 품고 복음의 홀씨를 퍼트려간 한민족을 향한 은혜를 엿볼 수 있었다. 때로는 기근을 피해, 때로는 강제이주를 통해, 때로는 필요에 의해 민족을 각 지역으로 흩으셨지만, 그 속에는 복음이 씨앗을 품고 나가게 하신 섭리가 있었다. 그래서 거주하게 된 땅에서 교회를 세우고 예배 공동체를 이어가게 하시는 등 복음의 텃밭을 가꾸게 하셨던 것이다.

우리 한민족이 디아스포라 선교 도구로 선택된 배경은 또 다른 곳에서도 찾아볼 수 있다. 로잔대회에서 주창한 [88]10/40창(Window) 선교를 살펴보면 우리나라가 중요한 역할을 할 수 있다는 사실을 알 수 있다.

전 세계적으로 비그리스도교인이 많은 나라가 북위 10도에서 40도 사이에 몰려있기에 그곳을 집중선교하자는 10/40 Window 선교의 지경은 북아프리카에서 중국에 이른다. 그런데 그곳에 복음화된 우리나라가 인접해 있다. 당연히 한반도가 교두보 역할을 할 수 있기에 한국이 부각될 수밖에 없다.

무엇보다 우리 한민족 디아스포라 최고의 장점은 전 세계 곳곳에 포진해 있다는 사실이다. 그들은 공동체라는 역사를 시작으로 네트워크를 형성하여 디아스포라로서 살아가고 있기에 선교에 더욱 유리한 도구들이 된다. 이런 점을 살펴볼 때 우리 한민족이 동방의 이스라엘로 선택받은 이유가 충분히 있다고 보인다.

사실 지금까지 우리나라의 해외 선교는 교회와 지역 중심의 선교였다. 전통적 방식의 선교의 형식을 취한 것이 사실이었다. 그렇게 복음을 전하면서 열매도 많이 맺었지만 이제는 시대적 요구에 따라, 디아스포라가 최고의 대안으로 떠오르고 있다.

시기	1907~1945	1945~1980	1980~2000	2000~현재
국가양상	생존과 투쟁	재건과 성장	세계화	선진화, 복지화
교회양상	태동과 생존	부흥과 교회성장 민족복음화 양적성장	성경공부 제자훈련 질적성장	상담과 치유 가정교회
선교양상	선교의 싹이 틈	재건과 성장	동원과 도약	도전과 성숙
선교 패러다임	사도적 패러다임	안디옥 패러다임	SVM패러다임 School of Venture Mission	총체적 패러다임
선교적 정황	약자의 위치에서 선교	약자의 위치에서 선교	부유함 속에서의 선교	도전 속에서의 선교
선교의 주도권	교회(노회, 총회) modality	교단선교부 modality	초교파선교단체 sodality	지역교회, 개교회 교단선교부 초교파선교단체 modality & sodality

선교의 매개체	목회자	목회자	학생, 여성, 평신도	총체적
선교의 방향성	out-reach (교포)	in-reach (민족)	out-reach (해외미전도종 족)	in-reach(이 주자)&out- reach(해외미 전도종족)
교회의 선교사적 양상	독립운동 사회개혁운동 교포선교	교회개척 국내전도 농촌선교 산업/도시선교	협력선교 미전도종족입양	이주민선교 탈북민선교 전문인선교 실버선교 문화선교
강조점	애국애족 영혼구령	가난퇴치 문맹퇴치 교회성장	타문화선교 미전도종족	나그네/디아 스포라 소외된 자 다문화가정
주요관심	나라와 민족 자주독립	정치 반공, 민주	경제 사회정의	사회, 문화 복지, 공존

한국교회 해외선교의 발전 및 시대적 양상. 『한민족 디아스포라의 세계선교 비전』 p.116. 박형진 교수 자료 인용

이처럼 한국교회가 걸어온 선교의 역사는 위대하다. 타의 추종을 불허할 정도로 전방위 선교를 펼쳤고, 개척과 믿음 선교의 특징을 보여주었다. [89]선교 초기부터 말씀과 복음 교회 중심적인 영성을 가지고 성장했으며, 평양 대부흥운동의 영적인 유산을 바탕으로 새벽기도라는 우리만의 특별한 영성을 지니고 선교에도 적용해 왔다.

선교사역을 보면 교회개척과 제자훈련, 교육사역 순으로 진행되곤 하는데, 한국교회의 선교는 교회개척과 신학교 위주의 사역이 주종을 이루었다.

이제는 시대가 변화하고 있다. 앞서 말했듯 지역에서 종족으로

대상이 변해가며 더 광범위한 접근이 가능한 디아스포라 선교가 요구되고 있다. 무엇보다 한민족 디아스포라는 예배공동체적 역할을 해낼 수 있다.

우리나라는 분단의 역사를 살아가고 있기에 남북한 모두를 포용하는 데 한계가 있을 수도 있다. 하지만 한민족 디아스포라는 지구촌 시민으로서 다양한 시각을 갖고 동아시아를 넘어 세계 시민으로서 세계화를 이루는 데 역할을 해낼 수 있을 것이다. 그들은 그들만의 네트워크를 형성하고 전방위적으로 움직일 수 있다.

이렇게 무한한 가능성을 안고 있는 한민족 디아스포라 선교를 어떻게 발전시켜 나가야 할까. 이것은 한국 교회가 한민족 디아스포라에 대한 관심을 갖고 함께 고민해가며 풀어가야 할 과제이기도 하다.

디아스포라 선교의 모델, 사도 바울

하나님은 복음이 증거되는 것에 가장 큰 관심을 두고 계신다. 21세기 디아스포라 선교가 떠오르면서 전 세계 기독교계에서 디아스포라에 대한 관심이 더해지고 있다. 특히 한민족 디아스포라 선교를 이야기하는 가운데 비전과 과제를 찾기에 앞서, 먼저 성경으로 돌아가 보고자 한다. 그 속에 해결이 있다고 믿기 때문이다.

성경 속에 등장하는 디아스포라 선교사들 중 대표적인 인물을 꼽으면 단연 사도 바울이다. 신약의 절반 이상을 쓰고 이방을 다니며 선교사로 활동했던 바울, 위대한 선교사 바울은 오늘날 디아스포라 선교의 나아가야 할 바를 알려준다.

바울은 디아스포라였다. 그의 가족은 갈릴리에서 로마로 이주해 온 것으로 보이며, 그가 태어난 곳은 다소(지금의 터키)다. 그 당시 찬란한 그리스 문화를 경험하며 성장했고, 로마 시민권자요, 히브리인의 종교적 배경까지 가지고 있었다. 유대인 혈통에서 태어났고, 바리새인으로 유대교의 교육을 받았으며, 예루살렘에서는 최고의 스승 가말리엘 문하에서 공부한, 소위 선택받은 사람이었다. 청년 시절 이미 지도자로 인정받았는데, 유대교를 철저히 신봉했기에 예수를 믿는 그리스도인들을 박해했다.

그런데 갖출 것 다 갖춘 사람이었던 그가 부활한 예수를 만나면서 인생이 바뀌게 된다. 그리스도인을 박해하러 가는 도중, 다메섹에서 예수를 만난 그는 회심했다. 지난 죄를 회개하고 복음을 전하는 인생을 살고자 다짐한 바울은 회심 후 3년간 아라비아에 있다가 예루살렘으로 향한다. 그리고 본격적으로 복음을 전하는 선교사의 사역을 감당한다.

바나바의 부름을 받고 안디옥에서 사역하던 중 이방 선교의 지시를 받고 1차, 2차, 3차 전도여행에 나섰다. 1차 전도여행은 구브로의 유대인 가운데에서 사역한 것으로 보이고, 2차 선교는 실라와 함께 갈라디아교회 등을 다니며 사역을 이어갔다. 마지막 3차 선교는 갈라디아와 부르기아 땅에서 제자들을 세우고 3년간 에베소로 가서 사역했다.

그러면서 고소를 당해 로마로 보내지고 감옥에서 신약성경의 많은 부분을 집필했다. 두 차례 투옥이 되면서 이방 선교의 지경을 넓혀간 사도 바울은 그렇게 선교지에서 순교했다. 바울은 그리스도교의 사도로서 기독교를 가장 잘 전했고 잘 설명한 사도였다.

그 사도 바울이 디아스포라로서 선교했던 과정은 배울 점이 많다. 회심한 뒤 바울은 철저한 선교의 삶을 살았는데, 태생 자체가 디아스포라인 데다 이방에 가서 선교를 하게 되면서 디아스포라로 살아야 했다. 초대교회 이후 사도들이 흩어져 복음을 전하면서 디아스포라의 삶을 살았지만 90)바울만큼 다양한 행로를 가진 인물은 없다.

바울이 살던 시대는 로마강국 시대였다. 지중해 세계가 로마라는 절대주권 가운데 놓여 있었기에 정치적 사회적으로 안정된 삶이었다. '팍스 로마나'(Pax Romana)라는 말처럼 "모든 길은 로마로 통한다"는 말은 사실이었다. 이렇게 전 세계적으로 로마의 영향권이 닿고 있으니 로마시민권자인 그에게는 무척 유리한 조건이었다. 로마가 다스리는 어느 지역에라도 갈 수 있는 시민권이 있었기에 선교를 하는 데 있어 유리했다.

또한 디아스포라의 가장 큰 고민인 언어의 소통에서 그는 유리했
다. 로마 통치기에 라틴어가 공식 언어로 사용됐지만, 그 이전까지
헬레니즘이 지중해 세계를 지배했기에 헬라어 즉 그리스어가 통용
되었다. 로마는 그리스 문화, 즉 헬레니즘 문화를 전파하며 발전시
켜 나갔는데, 그가 태어난 곳이 다소였고 이 지역 역시 헬레니즘 문
화 배경이었기에 헬레니즘 문화를 이해하는 일이 쉬웠다.

종합해 보자면, 바울은 이중언어 구사가 가능했고, 유대와 그리
스와 로마의 문화적인 영향까지도 받은 탓에, 보다 깊이 있게 사람
들에게 복음을 전할 수 있었다는 것이다.

바울이 활동하던 기원전 1세기부터 기원후 1년은 로마 내에서 유
대교가 양적으로 부흥을 경험하던 시기였다. 헬라 세계에 퍼져있던
디아스포라 유대인들이 자신이 살던 지역에 회당을 만들고 공동체
생활을 했다.

하지만 그즈음 디아스포라 유대인들의 정체성에 혼란이 왔다. 헬
레니즘의 영향을 받아 사고방식이 변화되면서 특히 언어적으로도
헬라어밖에 모르는 유대인들이 생겨나게 되었다. 히브리어나 아람
어를 잊어간 디아스포라가 생겨났기에 하나님의 말씀을 읽는 데에
도 한계가 생기기 시작한 것이다.

그런데 이때 하나님의 예비하심이 시작되었다. 유대교 경전인 토
라(모세오경)가 70인 번역본인 헬라어로 번역되면서 많은 이들이
성경을 읽게 된 것이다. 히브리 민족의 고유 종교인 유대교가 헬라
제국 전체, 특히 디아스포라 유대인 공동체에 퍼져 나갔다. 이 성경
번역은 엄청난 영향을 미치며 유대인 공동체 내에서 신앙교육이 이

뤄졌다. 회당에서 신앙생활을 하던 태생적 유대인뿐 아니라 이방인이지만 유대교로 개종한 헬라 유대인도 상당히 많아졌다.

아우구스투스(Augustus, BC 63~AD 14. 본명:Octavianus Gaius Julius Caesar)가 통치하던 시대(BC 31-AD 14)에 로마 인구 중 10%인 5백만 명이 유대인이었는데 그 중 3백만이 혈연적 유대인이었고, 나머지 2백만 명이 개종한 헬라 유대인이었다고 한다.

바울의 선교 사역은 이러한 배경 가운데 진행되었다. 그의 사역을 살펴보면 주로 대도시를 거점으로 그곳에 세워진 회당 중심의 전도 사역을 해나갔다. 성경을 통해 그의 행적을 살펴보면 어떤 도시를 방문할 때, 안식일이 되면 유대인 회당을 찾아가 복음을 증거했다.

바울이 전하는 복음에 대해 유대인들의 반응은 극명하게 갈렸다. 일단 기독교로 개종한 이방인들은 열렬하게 반응했다. 사실 그 당시 그들이 복음을 듣고 개종하긴 했지만 기독교의 중심으로 들어가는 데에는 한계가 있었다. 율법과 할례와 같은 유대교 특유의 의식 때문이었는데, 바울은 이러한 예식이나 율법 위주의 신앙을 강조하지 않았다. 바울이 자신들의 어려운 부분을 해결해 준 것이다. 헬라 유대인에게 바울의 메시지는 한마디로 좋은 소식(복음)뿐이었다.

상황이 이렇게 되다보니 태생적 유대인들의 반응이 좋을 리 없었다. 그들은 바울의 설교를 좋게 듣지 않았다. 오히려 그의 메시지에 격분했다(사도행전 13:45, 50). 그들이 보기에 바울은 위험한 인물이요 나아가 유대교의 위협적 인물이었던 것이다.

하지만 이런 상황에서 바울은 부화뇌동하지 않았다. 그가 정한 선교의 타깃은 이방인이었다(사도행전 13:46-48). 여기서 이방인은 복음을 듣지 못한 자들이 아닌, 유대교로 개종한 헬라 유대인을 가리킨다. 이런 상황 속에서 하나님께서는 유대인을 흩으시고 70인 성경번역본을 준비하시며 말씀을 직접 접할 기회를 마련하셨고, 바울은 도화선에 성령의 불을 붙이기만 하면 되었다.

바울이 가는 곳마다 디아스포라를 통해 초대교회가 세워졌고, 그 복음은 흩어진 유대인들의 네트워크를 통해 역사했다. 그의 인적 네트워크는 바나바, 실라, 디모데, 누가, 마가, 요한, 브리스길라와 같은 디아스포라 복음 전도자들로 구성되었다.

바울은 이방인 중 가장 뛰어난 디아스포라 복음 전도자였고, 이방인의 사도로 부름 받은 사람이었다. 그는 디아스포라를 활용한 전략적 선교가 어떻게 이루어져야 한다는 것을 알았다. 그래서 사도행전을 살펴보면, 바울은 가는 곳마다 디아스포라 유대인을 만난 것을 알 수 있다. 이미 로마의 교통이 편리해짐에 따라 형성된 디아스포라 네트워크는 바울의 선교에 큰 영향을 끼쳤다. 기본적으로 비즈니스와 회당 중심으로 공동체, 또 기도와 전도를 하나로 엮은 선교였다.

바울뿐만 아니라 구브로 출신인 바나바와 디모데 등 모두 디아스포라 선교를 시도했다. 그들은 하나님을 경외하던 이방인 고넬료에게 복음을 증거하여 모두에게 구원의 복음이 전파되는 총체적인 선교를 이어간 것이다.

이런 디아스포라 선교 사역은 오순절 성령 강림이 예루살렘으로부터 시작하여 사마리아 사람들에게, 헬라인에게 전해졌다. 흩어진 디아스포라, 그리스도를 믿는 유대인들을 통해서 말이다.

사도 바울의 선교는 예수님의 지상명령을 실천하기 위한 열정이었고, 디아스포라를 잘 활용하여 최대의 효과를 가져온 선교였다. 이방인에게도 복음을 전파하는 것의 가능성을 열어주었으며, 그것은 흩어진 민족을 잘 세우고 활용할 때 땅 끝으로 향하는 선교가 된다는 것을 보여준 디아스포라 선교의 모델이었다.

한민족 디아스포라 선교 역시 사도 바울의 선교를 통해 길을 찾아야 할 것이다. 한국 교회가 펼쳐나갈 선교 전략을 찾아야 한다.

가는 곳마다 디아스포라들과 만나 그들의 네트워크를 활용한 복음전파를 이루었고, 회당을 들러 복음을 전파했던 사도 바울의 행전은 오늘날 디아스포라 선교가 나아가야 할 방향이기도 하다.

새롭게 일어서는 디아스포라 선교사들

디아스포라는 또 다른 선교사의 이름이다.

2008년, 하나님의 음성을 듣고 시작하게 된 횃불한민족디아스포라세계선교대회는 한국을 향한 하나님의 디아스포라 선교사역의 시작이었다.

물론 첫 번째 대회를 앞두고 내게는 떨리는 마음과 두려운 마음이 있었다. 그런데 대회를 준비하면서 확실히 하나님께서 원하시는 일이라는 믿음이 생겼다. 그 믿음은 전체 선교대회를 앞두고 한민족 디아스포라가 흩어져 살고 있는 몇몇 곳을 돌아보면서 강해졌다.

하나님께서는 하와이를 비롯하여 멕시코 에네켄 농장, 중남미 지역과, 일본, 중앙아시아 등을 다니며 이주 역사를 간접적으로나마 체험하게 하셨다. 디아스포라들과 만나면서 그들의 이야기를 듣게 하셨다. 그들의 이야기 속에는 안타까운 사연과 말 못할 고통, 상처들이 있었기에 부둥켜안고 울기도 했고, 그 가운데 역사하신 하나님의 사랑에 감격하기도 했다.

그러한 준비과정을 통해 마음을 열게 하신 하나님은 2011년 세계 곳곳에 흩어져 있던 한민족 디아스포라들을 모이게 하셨고, 제1회 대회를 개최할 수 있었다.

서울 양재동 횃불회관에 모인 수천 명의 디아스포라들은 한민족의 뿌리를 지니고 있지만 얼굴빛도 달랐고, 언어도 달랐고, 문화와 풍습도 달랐다. 한민족이라는 이름이 무색할 정도로 다름이 느껴졌지만, 대회를 진행하면서 알 수 있었다. 한민족이라는 울타리가 얼마나 든든한 힘이 되고 굳건한 말뚝이 되는지, 무엇보다 복음으로 하나 되어 서로를 위해 기도하고 축복하는 시간이 얼마나 하나님 기뻐하시는 일인지를.

햇불한민족디아스포라세계선교대회는 21세기 선교의 꽃이라 불리는 디아스포라 선교의 가능성을 열어준 대회다. 흩어져 있던 동포들이 한 곳에 모여 복음을 듣고 성령의 충만함을 받았을 때, 비로소 천국백성이 되어 하나가 될 수 있었다. 대부분 초기 이주민들의 후손들이기에 조국에 대한 생경함이 있었지만, 하나님 나라의 한민족이라는 정체성은 결속력을 더해주었고 모두를 하나로 이어주었다.

남미에서 온 어떤 한민족 디아스포라는 5대째 남미에서 살면서 한국말을 한마디도 하지 못했지만, 대회를 통해 조국을 알게 되었고 복음을 확실히 받아들이게 되었으며, 다시 조상의 나라인 한국에 오고 싶다고 고백했다. 단순한 방문이 아닌 어머니의 나라, 할머니의 나라에서 자신의 흔적을 찾고 정체성을 확실히 하고 싶다는 의지였다.

어떤 한민족 디아스포라 3세는 디아스포라 선교에 대한 비전을 얻기도 했다. 그저 우연한 기회에 참석한 모임이었지만 선교대회를 통해 강력한 성령의 체험을 얻었고, 같은 민족으로부터 표현할 수 없는 위로를 받음으로 변화된 것이다. 앞으로 자신이 거주하는 곳으로 가서 자신이 경험한 성령을 전하고 싶어 했다.
이러한 변화들이 곧 디아스포라 선교의 가능성을 보여준 것이라 나는 생각한다.

2011 햇불한민족디아스포라세계선교대회를 시작으로 디아스포라들이 한국을 찾고 있다. 흩어진 나라에서 우리나라로 초청하는 것뿐 아니라 한민족 디아스포라 중에 한국에 들어와 있는 디아스포라들도 참여하는 등 점점 지경이 넓어지고 있다.

해마다 흩어진 민족들과 만나며 선교사의 비전을 심어주고 사명을 확인시키는 시간은 참으로 의미가 있다. 부모의 손을 잡고 고국을 찾은 10대부터 생의 마무리를 앞두고 있는 고령의 디아스포라에 이르기까지 그들의 다양함은 마치 하나님이 다양한 이들을 사용하신다는 것을 확인시켜 주는 것 같다.

햇불한민족디아스포라세계선교대회를 이어가면서 더욱 확신할 수 있는 것은 세계를 향한 열방전도에 디아스포라들의 역할이 커질 것이라는 점이다. 실제로 그 열매들이 이제 맺어지고 있기 때문이다.

선교대회에 참석한 이들이 선교사로 헌신하여 생활하는 곳으로 돌아가 복음을 전하고, 교회를 세우고, 또 한국의 교회들과 연계하여 교류하는 등의 적극적인 움직임이 더욱 활발해지고 있다. 2015년 3회 대회에는 참석자 중 494명의 한민족 디아스포라들이 선교사로 헌신하기도 했다. 이들 한 명 한 명이 고국으로 돌아가 만나게 될 영혼들을 생각하면 그들의 헌신이 의미하는 바가 크다.

이에 우리 햇불재단은 하나님의 명령에 따라 동포들을 초청해 위로하고 선교사로 헌신하도록 장을 마련한 것을 넘어, 그러한 헌신자들이 조금 더 지경을 넓혀갈 수 있도록 도움을 줄 계획을 세우고 진행 중이다. 그들은 어떻게 준비되느냐에 따라 하나님의 나라를 전 세계 곳곳에 펼쳐나갈 훌륭한 선교자원이기 때문이다.

이 일을 위해 그들이 먼저 준비된 선교사로 훈련(Training)되어야 한다고 믿는다.

하나님의 사람은 준비가 되어 있어야 하는 만큼 디아스포라들은 선교사로 세워지기 위해 지속적인 훈련이 필요하다. 그 훈련에는 다양한 선교 상황을 고려한 교재나 인쇄물 등의 출판을 통한 오프라인의 교육도 있을 것이고, 선교사와 선교 관심자들을 위한 교육과 세미나 등을 통한 훈련도 있다. 지역적으로도 국내에서 진행되는 훈련과 디아스포라들이 살고 있는 지역별로 묶어 현장에 가서 하는 교육도 가능하다.

이렇게 다양한 방법과 여러 지역에서 훈련된 디아스포라 선교사들은 횃불재단의 사역에 동역자로 자연스레 세워지게 될 것이다.

두 번째는 하나의(One Korea) 네트워크를 형성하도록 돕는 것이다.

디아스포라들은 전 세계에 흩어진 우리 민족의 재원이다. 다양한 전문분야에 진출해있는 만큼 국제적인 네트워크를 만들어 돕도록 하고, 전문분야에 맞는 선교 정책과 방법을 계발하는 일을 하는 것이다.

예를 들어, 직업이 의사인 디아스포라들은 함께 모여 디아스포라 의료선교팀을 조직해서 활동할 수 있다. 그리고 각 지역의 디아스포라 기업인들 역시 하나님의 나라를 확장할 선교사역을 위해 서로 협력할 수 있는 일이 무궁무진할 것이다.

이렇듯 직업별로, 은사나 관심사별로 서로 네트워크가 이뤄진다면 조국 대한민국을 위해서도 굉장한 자원이 될 것이다. 우리는 코리아라는 이름으로 하나 되는 민족이기에 무엇보다 이민교회와 한국교회 사이의 네트워크 또한 앞으로의 선교에 커다란 힘이 될 것이라 믿는다.

세 번째는 디아스포라들을 회복(Restore)하게 하는 것이다.

디아스포라들은 국내의 어렵고 힘든 상황 속에 낯선 세계로 흩어지게 된 이들이 많다. 그들은 또 멸시와 냉대를 온 몸으로 참아내야 하는 삶을 살던 사람들이다. 그들과 그들의 자손들은 그 과정에서 한민족이라는 정체성을 잃어버리고, 신앙적인 정체성도 잃어버린 채 치열한 삶을 살아냈다.

그렇기에 디아스포라들에게는 민족적인 정체성을 회복하는 일이 중요하다. 오랜 시간 조국과 떨어져 있던 디아스포라들을 위해 민족적 정체성을 일깨워줄 다양한 교육과 활동을 실시하여 한국을 느끼고 경험할 수 있도록 하려고 하는 이유가 그것이다. 특히 우리 선조들의 지나온 이야기와 복음을 지켜온 삶을 통해 복음을 선포하고 신앙적인 회복을 이어가는 것이 필요하다. 그러려면 민족적 유대감을 회복할 수 있도록 한국 교회와의 지속적인 교류라든지 자매결연 등을 통해 영적인, 정신적인 회복이 이루어지리라 생각한다.

마지막으로 이 모든 사역은 교회(Church) 공동체와 함께 해야 한다는 것이다.

하나님께서는 교회 공동체에 특별한 비전을 주셔서 그 공동체를 하나 되게 하시고 그 공동체를 통해 놀라운 일을 행하신다. 횃불재단에서 하는 디아스포라 사역은 하나의 교회 공동체로는 할 수는 없는 일이다. 왜냐하면 디아스포라 선교 비전은 하나의 공동체에게 주신 비전을 넘어 서로 연합하는 사역이기 때문이다. 그래서 하나님께서는 교회가 아닌 횃불재단에게 이 사역을 맡기셨다고 믿는다.

한 회 한 회 대회가 거듭될수록 디아스포라 비전에 동참하는 교회가 늘어나고 있다. 대형교회를 비롯해 지방의 작은 교회들까지 이 비전에 동참하고 있는 중이다. 그 중심에는 횃불재단에서 운영하는 횃불회가 있다. 횃불재단에서는 국내 교회의 목회자와 사모님들을 섬기는 횃불회를 운영하고 있는데 이는 재단의 사역에 근간을 이루는 사역이다.

이 횃불회를 통해 디아스포라 선교 비전을 듣게 된 많은 회원교회들이 디아스포라 선교의 중요성에 대해 눈뜨고 있고 함께 동역하고 있다. 2014년 대회부터는 대회를 마치고 디아스포라들이 각 지역의 횃불회를 방문하여 회원 교회에서 예배하고 간증하며 하나 되는 시간을 가졌다. 각 지역 횃불회에서는 고국을 방문한 디아스포라들을 위해 그 지역의 명소를 둘러보게 하고 정성껏 식사를 준비해 대접하는 등 자연스레 횃불회원 교회와 디아스포라들과 디아스포라 교회들 사이에 자매결연이 맺어지는 일이 이루어졌다.

이렇게 앞으로 횃불회원 교회들이 디아스포라 교회와 적극적으로 연결된다면 이는 중요한 디아스포라 선교의 기반이 될 것이다. 이렇게 지경을 넓혀갈 때 디아스포라 선교를 개교회의 선교정책으로 채택하는 교회가 많아질 것이고, 한국교회가 디아스포라 선교를 새로운 선교 패러다임으로 인식하게 될 것이다.

횃불재단은 이러한 계획들을 가지고 디아스포라들과 함께 하려고 한다.

2017년은 종교개혁가 마틴 루터(Martin Luther, 1483~1546)가 1517년 '95개조 논제'를 발표하면서 시작된 종교개혁 500주년을 맞는 해다. 이에 2017년에는 종교개혁의 본고장인 독일에서 디아스포라를 초청하여 세계선교대회를 이어가려고 한다. 과연 하나님이 원하시는 선교의 방향이 디아스포라 선교에 향하고 있음이 느껴진다.

한민족 디아스포라는 해마다 그 집계가 높아지고 있다. 또한 복음 전파를 위한 선교의 방향은 좀 더 구체적이고 세밀한 방향을 요구하고 있다. 이 시기에 가장 적절하고 지혜로운 것은 삶 속에 들어가 복음을 전하는 자들의 필요이다. 그 역할을 디아스포라가 할 수 있다.

디아스포라들의 삶에는 살아온 스토리가 있다. 드라마가 있다. 또한 그 속에 하나님의 오랜 준비와 예비하심과 섭리가 있기에 더욱 생생하다. 그 스토리를 복음과 함께 녹여낼 수 있는 힘을 한민족 디아스포라는 가지고 있다. 그것이 하나님께서 한민족 디아스포라를 땅 끝까지 복음을 전하는 하나님의 도구, 선교사로서 부르신 이유이다.

이미 그 열매들이 맺히기 시작했다. 횃불한민족디아스포라세계선교대회를 다녀간 이들이 자신의 정체성을 회복하고 하나님 안에서 비전을 세워가고 있기 때문이다. 그 열매를 담은 스토리 속에 그들의 비전이 녹아있다.

한민족 디아스포라의 행전은 지금 이렇게 다시 씌어지고 있다.

다시 시작된 한민족 디아스포라 행전

▶디아스포라 행전① : 러시아 교포 박인아

정확한 이유는 알 수 없지만 중학생이 된 이후부터 나는 막연히 한국애 갈 것이라고 생각했다. 조부께서도 우리는 한국인이며 어디를 가든 우리의 근본을 마음에 새겨야 한다고 하셨기에 한국에 가는 것이 내게 매우 좋은 일이라고 생각했었다.

나는 카자흐스탄에서 태어나서 11살 때 러시아의 동쪽 끝 지역으로 이주해갔고, 고등학교를 졸업하자마자 대학 진학을 위해 몽골의 울란바토르로 갔다. 새로운 나라로 갈 때마다 사람들은 나를 한국인이라고 불렀다.

여러 지역을 다닌 덕분에 다양한 문화를 경험하며 지냈다. 세계 곳곳에서 온 사람들을 만났고 문화를 체험하면서 새로운 사람들을 만날 때마다 그들의 이해를 돕기 위해, 내가 한국인처럼 보이지만 사실은 러시아 시민권자가 된 이유를 설명해야 했다. 특히 조부모님이 왜 강제로 고향 땅을 떠나 낯선 기차에 올라야 했는지, 며칠간의 기차여행 뒤 어떻게 중앙아시아 어느 곳에 정착하게 되었는지 그들에게 이야기해 주었다. 그렇게 '장황한 자기소개'에 익숙해져 있었다. 그러다보니 하나님께 '왜 나를 순수 한국인이나 순수 러시아인으로 태어나게 하지 않으셨는지' 따져 물을 때가 많았다. 순수한 민족으로 태어났더라면 모든 게 너무 간단할 텐데, 주변 사람들 문화와 잘 섞이고 무엇보다도 모국이 어디인지 당당하게 말할 수 있었을 테니 말이다.

이런 복잡한 마음을 갖고 살던 어느 날, 한국인 교수님 중 한 분이 나를 자신의 사무실로 초대했다. 그분은 나의 고민을 아셨던지 '한국계 러시아인'들을 위한 특별 세미나가 있다고 말씀해 주셨다. 한국계 러시아인을 위한 최초의 프로그램이었기 때문에 관심이 생겼다. 알고 보니 러시아계 한국인뿐만 아니라 전 세계에 흩어져 있는 한국인 디아스포라를 위한 선교대회였고, 그렇게 해서 나는 막연하게 생각하던 한국 땅을 밟게 되었다.

횃불한민족디아스포라선교대회는 내 생애 최고의 경험 중 하나였다. 처음 이 세미나에 대해 들었을 때 회의적인 생각이 들었던 것도 사실이다. 하지만 이 선교대회를 통해 얻은 비전은 감동적이었다. 강의와 기타 프로그램 및 활동들이 정교하게 계획되고 준비되었고, 섬기는 한 분 한 분의 모습도 놀라웠다. 특히 세계 곳곳에서 온 여러 국적의 한국인들을 보며 매우 놀랐다. 한국인 디아스포라들이 그렇게 많이 흩어져 있는지 처음 알게 되었는데, 어떤 사람은 아예 동양인처럼 보이지도 않았고 모두가 다른 언어로 의사소통을 하고 있었지만 우리는 하나로 묶였다.

여러 나라에서 온 디아스포라들의 간증은 큰 감동이었다. 조상들이 모국에서 떠나야했던 이유들도 제각각이었다. 어떤 이들은 타국에서 힘든 삶을 살았고, 어떤 이들은 인종 때문에 차별과 배척을 당하기도 했다. 간증을 하는 사람이 무대에서 이야기를 하며 눈물을 흘릴 때, 청중도 함께 울고, 온 강당 전체가 흐느꼈다.

일본어로 말하는 일본인 교포가 무대에 서있지만 그는 나와 한민족이란 것을 알았기에 친근감이 느껴졌다. 마치 그곳에 모인 모든 사람들이 갑자기 자신이 어느 나라에서 왔는지를 잊어버린 듯 했다.

이 햇불한민족디아스포라세계선교대회의 가장 하이라이트는 말씀 강의였다. 설교 강의를 통해 머리끝부터 발끝까지 하나님의 위대한 계획하심과 나아가야 할 바를 깨닫게 하셨기 때문이다. 마치 한국계 러시아인으로 살아가야 하는 목적에 대해 갑자기 커다란 퍼즐 조각들이 한 자리에 모여 제자리를 찾아가는 것 같았다. 그 거대하고 아름다운 역사의 그림, 하나님의 섭리가 내 눈앞에 있었다.

나는 대회를 통해 주님이 얼마나 위대하신지 느꼈다. 주님은 한 사람을 통해 역사하실 뿐만 아니라 한 나라 전체를 사용하시기도 하셨다. 선교대회를 통해 하나님은 내가 상상하는 것보다 훨씬 크고 위대하시다는 것을 보여주셨다. 나는 나의 정체성 속에 중요한 의미가 있음을 배웠고 한국계 러시아인임을 자랑스러워하게 되었으며, 하나님의 자비로 어느 문화에도 잘 적응할 수 있는 장점을 가졌음을 알게 되었다.

햇불한민족디아스포라세계선교대회가 끝나고 그 흥분은 가라앉았지만 나와 내 나라가 하나님의 위대한 계획의 일부라는 깨달음은 여전히 마음속에 남아 있다. 이제는 '어느 나라 사람인가요?'라는 질문에 어떻게 대답할 것인지 두려워하지도 염려하지도 않는다. 오히려 자랑스럽게 말할 수 있다. 나는 한국계 러시아인이며, 한국계 독일인도 있고 한국계 일본인도 있지만 우리는 모두 하나님의 위대하신 섭리로 전 세계에 흩어진 한민족이라고.

▶디아스포라 행전② : 우즈베키스탄 목회자 ○○○

나는 한때 내가 어디서 왔으며, 누구인지에 대해 전혀 관심을 기울이지 않았다. 그러다가 내 자신이 누구인지 인식하게 되었을 때, 한국인임에도 불구하고 하필이면 왜 우즈베키스탄에서 태어났는지에 대해 의문을 가졌다. 우즈베키스탄에는 우즈벡 민족이 살아야 하고, 러시아에는 러시안들이 살아야 하며, 독일에는 독일 사람이 살고 있는 것처럼, 모든 민족은 제각기 자기 나라에 살아야 하는데 말이다. 나는 한국 사람임에도 불구하고 왜 한국에 살지 않고 다른 나라에 살고 있는가?

그러던 어느 날 알게 되었다. 한국 민족이 어떻게 해서 우즈베키스탄과 카자흐스탄 등 모든 중앙아시아로 이주하게 되었는지, 스탈린의 강제 이주정책에 따라서 한민족이 극동에서 중앙아시아로 이주하게 되었다는 사실을 말이다. 이 정도의 역사적 사실은 아주 흡족한 답변이 되었다.

그러다가 예수 그리스도를 영접하게 되었을 때, 다시 말해 회개하고 예수 그리스도를 내 구세주와 주님으로 영접했을 때, 한국인의 중앙아시아 강제 이주에 대한 역사를 다른 관점에서 보게 되었다. 성경말씀을 공부하면서 하나님께서 온 민족들을 다스리시는 분이시라는 것을 알게 되었고, 하나님께서 한민족에게 어떻게 역사하셨는지에 대해 깊이 생각하게 된 것이다. 그러자 내가 우즈베키스탄에서 태어나고 성장하고, 그리고 이 땅에서 예수 그리스도를 믿게 된 사건이 단순한 사건이 아니라는 것을 깨닫게 되었다.

서울에서 개최된 햇불한민족디아스포라세계선교대회 컨퍼런스에 참석하게 되었을 때, 하나님께서는 중요한 계시를 보여주셨다. 그 계시란 나와 내 동족인 한국인이 중앙아시아의 우즈베키스탄에 살게 된 것은 단순한 사건이 아니라 복음증거를 위한 하나님의 섭리라는 것이다.

지금 복음은 온 세상에 거의 전파되었고, 마지막 한 걸음만 남았다. 예수께서는 너희는 나아가 온 천하 땅 끝까지 나아가 이 말씀을 전파하라고 말씀하셨다. 주님은 이 말씀을 예루살렘에 가져다 주셨고, 이 말씀은 예루살렘에서 출발하여 다시 예루살렘으로 돌아오게 될 것이다.

나는 전 세계 복음전파의 완성을 위한 마지막 한 걸음이 중앙아시아라고 생각한다. 왜냐하면, 아직 몇 개의 나라가 예수 그리스도를 영접하지 않고 있기 때문이다. 예수 그리스도에 대해서 전혀 들어보지 못한 곳이 남아 있다는 것은 바로 복음화의 마지막 한 걸음을 내디뎌야 할 마지막 남은 곳일 테니 말이다.

지금 우즈베키스탄과 국경을 접한 나라에 복음이 도달했다. 한국에서 파송되어 나온 수많은 선교사들을 통해 카자흐스탄과 우즈베키스탄과 타지키스탄과 키르기스스탄에 개척된 교회를 통해, 한국 선교사들을 통해 예수 그리스도를 영접한 중앙아시아의 고려인을 통해 마지막 남은 곳에 복음이 전해질 것이다. 특히나 고려인의 역할이 크다고 생각한다.

뿐만 아니라 대한민국과 극동에서, 그리고 세계 곳곳에 흩어져 몇 세대를 거듭해 살면서 예수 그리스도를 영접하고 주님을 경배하며 세계 복음화의 마지막 한걸음을 내딛기를 소원하는 한민족 디아스포라를 통해서 복음이 예루살렘까지 되돌아갈 것임을 믿는다. 그리고 그것이 완성되면 예수께서 재림하실 것이라고 믿는다.

지금 많은 사람들이 더 나은 삶을 살고자 우즈베키스탄을 떠나 다른 나라로 가려고 애쓰고 있다. 그러나 횃불한민족디아스포라세계선교대회를 통해서 알게 된 것은 하나님께서는 우리가 사는 바로 이 땅, 이 나라, 그리고 이 장소 안에 거하면서 섬기기를 원하신다는 사실이다. 우리 디아스포라 사역자들은 하나님의 보냄을 받은 사람이라고 믿기 때문에 나라를 떠나려 결단하는 사람은 극히 적다. 그래서 여기에 남아 있는 한국인들, 카자흐스탄과 우즈베키스탄, 그리고 키르키즈스탄에서 섬기는 목사들은 주님에게 굉장히 소중한 사람들이다. 우즈베키스탄에 있는 많은 교회들은 다양한 성격과 필요를 갖고 있다.

나는 한국의 교회들과 우즈베키스탄의 교회가 서로 협력사역을 통해 다양한 성격의 많은 문제들과 어려움들을 해결할 수 있다고 믿는다. 하나님께서 영적, 정신적 그리고 물질적인 지원 등을 강권하신다. 왜냐하면 이 과업은 마지막 걸음이며, 대단히 중요한 것이어서 이 땅에서 새롭게 훈련된 신세대인 하나님의 사람들이 일어나 최종적인 걸음을 걸어야 하기 때문이다.

이 땅에 살면서 주님을 섬기며 많은 시련과 어려움을 겪었는데 지금까지 주님의 손이 우리를 붙잡고 계시고, 우리는 하나님의 보호 아래 있다고 믿는다.

▶디아스포라 행전③ : 키르키즈스탄 장 블라디미르 목사

나는 키르키즈스탄에서 목회를 하고 있는 장 블라디미르 목사다.

하나님께서는 한국뿐 아니라 전 세계에 있는 한국인들에게 중요한 사명을 주셨다.

선교대회 첫날부터 나는 대회를 준비하신 분들의 사랑과 따스함을 느낄 수 있었다. 특별히 하용조 목사님과 다른 목사님들의 설교를 통해 하나님은 내 마음을 들여다보게 하셨다. 또한 하나님께서 한국인들을 어떻게 사랑하셨는지도 알 수 있었다.

전에는 왜 내가 한국인으로 키르키즈스탄에 살고 있는지 알지 못했다. 스탈린의 압제 시기부터 CIS(독립국가연합)에 살고 있는 한국인들의 고통에 대해 많이 들어왔지만 그 일원으로 살아가고 있음을 몰랐던 것이다. 그런데 하나님은 선교대회를 통해 말씀을 새롭게 깨닫고 바라보는 눈을 주셨다.

특히 디아스포라의 대표적 인물인 요셉에 대해 깊이 알게 되면서 많은 것을 느낄 수 있었다. 이전엔 그저 꿈꾸는 자로 알고 있었지만, 그가 바로 디아스포라요, 디아스포라 선교사였다는 사실은 큰 위로가 되었다. 횃불한민족디아스포라세계선교대회는 요셉과 같은 디아스포라들을 위한 하나님의 은혜의 시간이었다. 선교대회 기간 동안 하늘에서 비가 내렸듯이 하나님을 아는 은혜와 축복이 하늘에서 내려오는 것을 막지 못했다.

한인 디아스포라들은 한국에서 분리되어 민들레 홀씨처럼 이곳저곳으로 불려 다녔지만 그들은 뿌리가 있고, 그래서 나 역시 고향이 있다는 것을 알게 되었다.

한국은 하나님의 축복을 받은 좋은 본보기라는 것을 눈으로 보고 있다. 하나님은 한국을 세계 위에 하나님의 영광을 드러내도록 세우시며, 모든 나라들이 강한 하나님의 손을 보고 있다.

　햇불한민족디아스포라세계선교대회 중 나는 다른 나라에서 온 한국인들과 사귈 수 있었다. 서로 많이 달랐음에도 불구하고 단번에 친해질 수 있었던 것은 우리가 한민족이기 때문이 아닐까 생각한다. 이 마음을 안고 다시 키르키즈스탄으로 돌아가 선교사로서의 사역에 더욱 충실할 것이다. 하나님의 사랑과 믿음으로 충만한 봉사로 복음의 증인이 될 것이다.

▶ 디아스포라 행전④ : 미국 교포 박한나

　2011년 햇불한민족디아스포라세계선교대회는 선교에 대한 꿈과 비전을 심어준 기회였다. 선교는 단지 선교사가 하는 일이고, 우리는 그저 뒤에서 기도하며 후원하는 일이 전부라고 생각했는데, 그 생각은 잘못된 것이었다. 나도 한 명의 선교사로 이 땅에 살고 있고, 이 땅의 문화와 언어에 익숙해진 것이 모두 다 선교를 위한 것임을 다시 한 번 되새기게 된 것이다.

　매일 전해지던 말씀들을 통해 깨달은 것은, 한국에서 미국의 이 낯선 땅으로 오게 된 것이 단순히 우연이 아니라 하나님이 오래 전부터 계획하셨다는 것이었다. 이를 통해 나는 이 땅을 위한 선교사로 쓰기 위해서 보내졌다는 것을 계속 깨닫게 되었다. 이는 미국에서 온 나뿐만이 아니라, 중국, 일본, 유럽의 여러 국가들에 거주하는 한인들에게 동일하게 적용되는 말씀이었다.

　말씀뿐만이 아니라 다른 배려도 감동이었다. 대회를 섬기시는 분들의 열심과 봉사로 인해 매순간 흥미진진하고, 짜임새 있게 진행되었다. 훌륭하신 목사님들과 강사님들, 그리고 방송에서만 보던 유명한 연예인들의 등장은 모두를 깜짝 놀라게 했다. 매끼마다 새로운 한국 음식을 맛볼 수 있었던 것도 즐거움이었다. 과연 가족에 대해 사랑받고 있다는 따뜻함을 느끼게 되어 한 번도 생각지 못한 조국에 대한 감흥을 갖게 된 것이다. 한국을 찾은 디아스포라에 맞춰 봉사와 배려를 해주신 또 다른 선교사의 자세라 생각한다.

선교대회를 통해서 지금 나는 내가 있는 곳이 선교지임을 깨닫고 살고 있다. 이곳에서 열심히 이웃들을 섬기며 살고 있다. 다니고 있는 교회를 통해 이웃에 아웃리치를 나갈 때마다 복음을 전하고자 노력 중이다.

그리고 교회를 통해서만이 아니라 미국 사회로도 영향력을 끼치길 기도한다. 내가 하는 일들을 통해, 그리고 삶의 모습을 통해 복음 전파가 이루어지길 기도하고 있다. 비록 작은 모습이지만 나와 같은 사람들이 모여 여럿이 될 때 큰 변화가 이루어지리라고 믿는다.

그때까지 나는 계속해서 디아스포라 선교의 중요성을 알리고 사도행전을 쓰듯 디아스포라 행전을 이어갈 것이다.

에필로그

한민족 디아스포라를 향한 꿈과 비전

　우리 한민족은 끊임없이 이동하는 중이다. 한민족의 이주 역사를 잘 모르는 이들은 우리 민족이 상당히 정적이고 그 자리를 고수하며 산다고 생각할 지도 모르겠다. 하지만 이미 이주 역사를 통해 하나님이 우리 민족을 끊임없이 흩어지게 하셨고, 지금은 그 흩으심을 통해 열방을 향한 선교의 도구로 사용하신다는 것을 안다.

　2008년, 하나님은 세 가지 명령을 통해 한민족 디아스포라를 향한 비전을 보이셨다. 그 뜻을 준행해오면서 느끼는 것은 과연 하나님의 생각과 뜻은 일점일획도 틀리지 않으시다는 것이다. 많은 선교학자들이 디아스포라 선교에 대해 연구하면서 21세기 최상의 선교 도구로 꼽고 있고, 실제로 선교현장에서 현지인 선교사가 절대적으로 필요하다는 이야기가 나오기 때문이다. 이에 하나님은 미리 사인을 주셨고 준비를 통해 실행에 옮기게 하신 것이다.

　햇불한민족디아스포라세계선교대회를 해마다 개최하면서 그때마다 감사와 은혜가 넘친다. 가슴이 뛴다. 흩어진 우리 동포들을 만나 정을 나누고, 위로와 사랑을 나누는 데에 감사와 은혜가 있다. 그들의 헌신과 만날 때 내 가슴은 늘 벅차오른다.

'너는 너희 민족을 위로하라'

해외 동포들과 국내 연고지가 없는 동포들을 초청하여 자매결연을 시켜주고 그들을 위로하라는 이 명령을 하나님이 내게 첫 번째 명령으로 주신 이유는, 하나님이 우리 민족을 무척 사랑하고 계시다는 것을 알려주는 대목이라고 생각한다.

아마 이 명령을 내리지 않으셨다면 한민족 디아스포라에 대한 나의 관심은 덜했을 수도, 아예 없었을 지도 모른다. 하나님은 흩어져 있는 그들의 상처와 외로움을 알고 계셨고 위로받기를 원하셨다. 횃불재단을 통해 그 일을 하게 하신 것은 은혜요 감사다.

실제로 세계선교대회를 진행할수록 우리 민족을 위로하는 것이 얼마나 크고 소중한 일인지 알게 된다. 날마다 그 자리에 있는 사람은 자리의 소중함을 모른다. 하지만 바깥에서 그 자리를 볼 때 소중하고 귀하다. 한민족 디아스포라들도 그럴 것이다. 그들이 고국에 들어왔을 때 이미 연고도 사라졌고 잠시 머물 곳도 없는 경우가 대부분이다.

우리가 그들을 위로해주고 자리를 마련해 주어야 한다. 그것이 동포를 향한 배려이고 믿는 자들의 책임이다. 하나님은 그들을 위로하는 동시에 우리로 하여금 그것을 깨닫게 하셨다.

실제로 아주 잠깐이지만 고국에 머물다가 돌아가는 동포들과 만나 손을 잡을 땐 처음 잡았을 때의 어색함은 아쉬움으로 변한다. 하지만 그 아쉬움 속에는 따뜻한 고국에 대한 추억이 녹아 있다. 그것은 곧 그들이 가지고 있는 정체성 회복과 직결된다. 조국에 대해 알고 자신의 뿌리가 어디로부터 시작되었는지 알아가며, 그 역사 속에는 아픔도 있지만 하나님의 은혜도 함께 했다는 것을 깨달았을 때 자신의 정체성이 살아나기 때문이다. 그것은 곧 우리 민족이 더욱 확고하고 든든히 섰다는 것을 의미하기에 더욱 기쁘고 감사하다.

또한 한민족 디아스포라들의 헌신하는 모습을 만날 때는 가슴이 뛴다. 세계 각지에서 모여든 디아스포라들은 연령도, 언어도, 문화도 다양하다. 그럼에도 복음으로 하나가 된다. 복음의 은혜에 감격한 이들은 선교사로 헌신하겠다고 결신을 한다. 누구보다 진지하고 감격스러운 모습으로 하나님 나라의 확장을 위해 일하겠다는 그들의 모습에서 아직 일할 사람을 남겨두신 하나님의 섭리를 느낀다.

하나님의 두 번째 명령은, 현지 선교에 아무런 제약이 없는 한민족 후예를 불러 훈련시키고 그들로 하여금 현지 선교사로 삼으라는 것이었다. 그 열매들이 맺혀지고 있으니 얼마나 감사한 일인지 모른다.

실제 세계선교대회를 통해 선교사로 헌신하고 있는 이들이 생겨나고 있다. 횃불한민족디아스포라세계선교대회를 통해 선교사로 헌신한 고려인 4세 디아스포라는 그 동안 조국에 대해 전혀 알지 못하다가 한국에 나왔을 때 하나님의 부르심에 따라 소명을 받고 신학을 공부했다. 그리고 난 뒤 한국에 나와 있는 고려인들을 대상으로 목회를 하고 있다. 이 고려인 4세 디아스포라는 한국에 들어온 고려인들을 대상으로 복음을 전하는 사역, 또 다른 디아스포라 선교를 하고 있는 것이다.

이미 한국에는 흩어져 살고 있던 동포들이 많이 들어와 있다. 70

만 명이 넘는 중국 동포들이 들어와 새로운 삶의 터전을 일구고 있으며, 취업을 위해 들어온 고려인들도 3만 명이 넘는다고 한다 (2013년 외교부 집계기준). 아마 지금은 훨씬 더 많은 숫자로 늘어났으리라 생각한다.

디아스포라 선교는 앞으로 그 지경이 더 넓어질 것이다. 한국어를 전혀 모르는 고려인, 중국동포 일본 동포 등 일자리와 꿈을 찾아 한국을 계속 올 것이고, 복음을 모르는 그들을 위해 헌신된 디아스포라 선교사들이 그 부분을 감당할 수 있기 때문이다.

뿐만 아니라 디아스포라를 훈련시키고 현지 선교사로 삼으라는 명령 앞에서 우리는 또 하나의 비전을 얻을 수 있다. 바로 북한 선교다.

하나님이 말씀하신 땅 끝이 어딘지 확실히 알 수 없으나 북한이 거의 마지막이라는 것을 다들 짐작하고 있다. 그래서 가장 복음의 문이 늦게 열릴 그곳을 위해 함께 기도하는 것이다. 북한 선교에는 많은 위험과 어려움, 제약이 따른다. 가장 가까이 있지만 가장 가기 힘든 곳, 북한은 반드시 복음을 전해야 하는 곳이다.

디아스포라 선교는 불가능해 보이는 북한 선교도 가능케 할 수 있을 것이다. 그 해답이 중국 동포들에 있다고 생각한다. 실제 중국에 사는 한민족 디아스포라들은 중국 국적을 가지고 있기에 북한을 자유롭게 출입할 수 있다. 어디든 들어갈 수 있는 곳이면 복음이 전해진다. 복음으로 변화 받고 선교로 헌신하겠다는 중국 국적의 한민족 디아스포라라면 북한선교의 물꼬를 틀 수 있을 것이라고 생각한다.

실제 횃불한민족디아스포라세계선교대회를 통해 선교사로 헌신

하겠다고 했던 중국 동포 4세는 횃불트리니티신학대학원대학교에서 신학을 공부한 뒤 선교사 파송을 준비 중이다. 한국말과 태어난 곳에서 배운 중국어 등 이중언어가 가능한 선교사로서 그가 지닌 가능성은 더욱 크다고 하겠다. 그가 갈 길을 주님께서 인도하실 것이다. 다만 그와 같은 중국 동포를 통해 북한선교라는 디아스포라 선교가 가능하리라 믿으며 나아간다.

이렇듯 하나님은 횃불재단을 통해 한민족을 사랑하심을 보여주심과 동시에 흩어진 민족을 위로하고 훈련하여 땅 끝까지 복음이 증거되는 비전을 성취하고 계신다.

그 원대한 계획 가운데 선택받은 민족이란 사실에 감사하며, 앞으로 디아스포라 행전을 계속 써나갈 수 있기를 주님 앞에 간절히 기도한다.

미주

1) Brent Hayes Edward, *"Diaspora"* in *Keywords for american cultural studies*. NYC NY: NYU press, 2007.

2) "디아스포라의 성경적 신학", 김상복 외 16인, 『한민족 디아스포라의 세계선교 비전』. 서울:(재)기독교선교횃불재단, 2014. p.69-71.

3) "디아스포라의 성경적 신학", 김상복 외 16인, 『 한민족 디아스포라의 세계선교 비전』. 서울:(재)기독교선교횃불재단, 2014. p.70-71, p.93.

4) Robin Cohen, *"Global Diasporas: An Introduction"*. Seattle University of Washington Press, 1997.

5) Sam George, "Diaspora: A hidden link to 'From Everywhere to Everywhere' Missiology", *Missiology: An International Review Vol. XXXIX, no.1.* 2011.

6) William Safran, *"The Jewish Diaspora in Comparative and Theoretical Perspective"*, Israel Studies 10.1. 2005.

7) "구약의 디아스포라" 일부 인용. 김상복 외 16인, 『한민족 디아스포라의 세계선교 비전』. 서울:(재)기독교선교횃불재단, 2014. p.47-52.

8) "신약의 디아스포라" 참고. 김상복 외 16인, 『한민족 디아스포라의 세계선교 비전』. 서울:(재)기독교선교횃불재단, 2014. p.59-64.

9) 이훈구 박사, "창세기에 나타난 족장들의 선교 연구", 『데오엔로고스』. 2015.1.6. 인용.

10) "권혁승 칼럼" 내용 일부 인용. 『크리스찬 투데이』. 2016.4.13.

11) 그레이스 한인교회 "에스더시리즈" 설교 참고.

12) 2011 횃불한민족디아스포라세계선교대회 강승삼 목사 설교 참고.

13) 최용준, "열방을 섬기는 디아스포라(4): 베드로의 설교 및 초대교회에 나타난 디아스포라". 카페 글 참조. http://cafe.naver.com/eca/22

14) William Safran, "Diasporas in Modern Society: Myths of Homeland and Return", Diasporas 1. 1991.

15) Khachig Tölölyan, "The Nation State and Its Others: In Lieu of Preface", *Diasporas 1*. 1991.

16) V.Y. Mudimbe & Sabin Engle, "Introduction: Diaspora and Immigration", *The South Atlantic Quarterly Special Issue 98*. 1999.

17) 네이버지식백과 "간도" 참고.

18) 기독교선교횃불재단, 『한인디아스포라 이민사 개관』. 서울:(재)기독교선교횃불재단, 2015. p.6-10.

19) 네이버지식백과 "간도" 중 독립운동 내용 참고.

20) 윤인진, 『세계의 한인이주사』. 파주:(주)나남 · 대한민국역사박물관, 2013. p.49.

21) 윤인진, 『세계의 한인이주사』. 파주:(주)나남 · 대한민국역사박물관, 2013. p.6-10.

22) 네이버지식백과 "지신허" 참고.

23) 계봉우, 『아령실기』 인용. "박재완의 기찬 여행" 기사 중에서, 『무등일보』. 2015.1.23.

24) 반병률, "러시아의 한인발자취를 찾아서", 『신동아』. 2003년 6월호.

25) 김상복 외 16인, 『한민족 디아스포라의 세계선교 비전』. 서울:(재)기독교선교횃불재단, 2014. p.20-22.

26) 윤인진, 『세계의 한인이주사』. 파주:(주)나남 · 대한민국역사박물관, 2013. p.85-102.

27) 김상복 외 16인, 『한민족 디아스포라의 세계선교 비전』. 서울:(재)기독교선교횃불재단, 2014. p.26-27.

28) 한국이민사박물관, 『한국이민사 박물관』. 인천:인천광역시립박물관, 2014. p.33.

29) 네이버지식백과 "아메리카로 가는 길" 참고.

30) 정창수, "사진결혼, 역사의 반복", 『시민사회신문』. 2010.1.11.

31) 크리스천헤럴드 편집부, 『태평양을 가로지른 무지개』. 서울:크리스천헤럴드, 2006. p.24.

32) 위와 동일.

33) 네이버지식백과 중 웨인 페터슨, 정대화의 "하와이 이민1세" 참고.

34) 위와 동일.

35) 이규태, 『맨날기자 남한 종횡기』. 서울:삼중당, 1967.

36) "멕시코 에네켄 이민사", 기독교선교횃불재단 디아스포라 사이트.

37) 최병덕, "교포역설", 한국이민사박물관, 『한국이민사박물관』. 인천:인천광역시립박물관,2014. p.82.

38) 『고종순종실록』 음력 을사년 7월1일 내용 참고. 이자경, 『통사적 시각에서 본 멕시코 이민 약사』 p.128-140.

39) 한국이민사박물관, 『한국이민사 박물관』. 인천:인천광역시립박물관, 2014.

40) 네이버지식백과 "라틴아메리카 역사 다이제스트100" 중 '멕시

코에서 쿠바로' 참고.

41) "재일동포 이민사", 기독교선교횃불재단 디아스포라 사이트.

42) 기독교선교횃불재단, 『한인디아스포라 이민사 개관』. 서울:(재)
기독교선교횃불재단, 2015. p.11-13.

43) 윤인진, 『세계의 한인이주사』. 파주:(주)나남 · 대한민국역사박
물관, 2013. p.60-84.

44) 네이버지식백과 "사할린 한인사회" 참고.

45) 윤인진, 『세계의 한인이주사』. 파주:(주)나남 · 대한민국역사박
물관, 2013. p.72-73.

46) 장창일, "한민족디아스포라(24) 차별의 벽 뛰어넘는 한인 디아
스포라", 『기독공보』. 서울:기독공보사, 2002.11.9.

47) 윤인진, 『세계의 한인이주사』. 파주:(주)나남 · 대한민국역사박
물관, 2013. p.179-193.

48) 네이버지식백과 "파독광부" 참고.

49) 권이종 편집, 『파독광부 백서』. 서울:(사)한국파독광부총연합
회, 2009. p.152-153.

50) 위의 책, 에피소드 내용 재구성.

51) 권이종 편집, 『파독광부 백서』. 서울:(사)한국파독광부총연합
회, 2009. p.277-280.

52) "派獨간호사 1만 명, 가족 올까 편지도 참아…", 『조선일보』.
2013.1.4. 기사 중 일부 인용.

53) http://dibrary1004.blog.me/220603360366 박정희 대통령
연설 인용.

54) 윤인진, 『세계의 한인이주사』. 파주:(주)나남 · 대한민국역사박
물관, 2013. p.187-189.

55) 기독교선교횃불재단, 『한인디아스포라 이민사 개관』. 서울:(재)

기독교선교횃불재단, 2015. p.15-18.

56) 양명득, "호주의 첫 한인 시민권자, 드디어 베일을 벗다", 『서울의 소리』2009.7.7.

57) "초기 한국교회의 예배", 『기독정보넷』 참고. https://www.cjob.co.kr/mission/2640.html?page=27

58) 모펫, 함태영, 엥겔, 차상진 공저, 『조선예수교장로회사기』(상). 서울:조선예수교장로회 총회, 창문사, 1928. p.55-59.

59) 크리스천헤럴드 편집부, 『태평양을 가로지른 무지개』3권. 서울:크리스천헤럴드, 2006. p.46.

60) 위와 동일.

61) 위와 동일. p.174.

62) 전혜찬, "메리다 지방회 설립과 기독교인의 역할", 전경원 외 공저, 『멕시코 쿠바 한인사』. 서울:한국외국어대학출판부, 2005.

63) 전혜찬, "메리다 지방회 설립과 기독교인의 역할", 전경원 외 공저, 『멕시코 쿠바 한인사』. 서울:한국외국어대학출판부, 2005.

64) 크리스천해럴드 편집부, 『태평양을 가로지른 무지개』 2권. 서울:크리스천해럴드, 2006. p.18-19.

65) 정호상 목사 논문, "최관흘의 생애와 러시아 연해주 지역 선교 연구". 서울:국회도서관, 2004.

66) 김상복 외 16인, 『한민족 디아스포라의 세계선교 비전』. 서울:(재)기독교선교횃불재단, 2014. p.228.

67) 네이버지식백과 "명동촌" "명동교회" 참고. 네이버캐스트 "독립운동가 김약연" 참고.

68) 양민경, "김약연 선생 윤동주 시인 등 수많은 항일 애국지

사 배출, 북간도 명동촌 십자가 '막새' 한국 온다". 『국민일보』.
2015.7.3.

69) 박청산, 『내 고향 연변』. 연변:연변인민출판사, 2004. p.58-
59.

70) 김상복 외 16인, 『한민족 디아스포라의 세계선교 비전』. 서
울:(재)기독교선교횃불재단, 2014. p.238-239.

71) 이수환, 『일본에서 한국을 선교한 이수정 선교사 이야기』. 서
울:목양, 2012. 참고.

72) "세계 청년 학생선교운동의 어제 오늘 내일(16):한국의 해외유
학생선교운동". 『국민일보』. 2004.6.13.

73) 이덕주, 『한국 기독교 선구자 한석진 목사의 생애와 사상』. 서
울:기독교문사, 2008. 참고

74) 김상복 외 16인, 『한민족 디아스포라의 세계선교 비전』. 서
울:(재)기독교선교횃불재단, 2014. p.252.

75) 김상복 외 16인, 『한민족 디아스포라의 세계선교 비전』. 서
울:(재)기독교선교횃불재단, 2014. p.274-277.

76) 김상복 외 16인, 『한민족 디아스포라의 세계선교 비전』. 서
울:(재)기독교선교횃불재단, 2014. p.282-285.

77) 크리스천헤럴드 편집부, 『태평양을 가로지른 무지개』 1권. 서
울:크리스천헤럴드, 2006. p.54.

78) 윤인진, 『세계의 한인이주사』. 파주:(주)나남. 대한민국역사박물
관, 2013. p.59.
크리스천헤럴드 편집부, 『태평양을 가로지른 무지개』 1권. 서울:
크리스천헤럴드, 2006. p.46-60.

79) (사)고려인돕기운동본부 블로그. http://blog.naver.com/
okinawapark/59779482

80) 김현재, "고려인①:대륙 진출의 개척자들", 『연합뉴스』.
   2014.6.10.

81) 2013년 12월 기준 『미주 크리스천 투데이』 집계.

82) 김상복 외 16인, 『한민족 디아스포라의 세계선교 비전』. 서
   울:(재)기독교선교횃불재단, 2014. p.136-137.

83) "현대선교의 아버지 윌리엄 캐리", 예음교회 신앙칼럼 참고.
   http://yeum.tistory.com/182

84) 김상복 외 16인, 『한민족 디아스포라의 세계선교 비전』. 서
   울:(재)기독교선교횃불재단, 2014. p.137-138.

85) "로잔선언" 서두문 인용. 조종남, 『세계복음화 운동의 역사와
   정신』. 서울:로잔세계복음화한국위원회. 한국기독교학생회출판
   부, 1992.

86) 로잔선언 개요. http://www.chinatogod.com/main/z3s_c_
   v.php?no=2096&page=7&div=4&ctg3=22&PHPSESSID=0
   5e99291ccbc141468b39f2b9f0dfe38

87) 김상복 외 16인, 『한민족 디아스포라의 세계선교 비전』. 서
   울:(재)기독교선교횃불재단, 2014. p.144.

88) 위키백과 "10/40창" 참고.

89) 김상복 외 16인, 『한민족 디아스포라의 세계선교 비전』. 서
   울:(재)기독교선교횃불재단, 2014. p.108-109.

90) 원제연 선교사, "강력한 다이너마이트 도화선에 불을 당긴 바
   울", 『교회와 신앙』. 2016.6.8.

참고문헌

<단행본>

김상복 외 16인, 『한민족 디아스포라의 세계선교 비전』. 서울:(재)
　　기독교선교횃불재단, 2014.

기독교선교횃불재단, 『한인디아스포라 이민사 개관』. 서울:(재)기독
　　교선교횃불재단, 2015.

국가기록원, 『기록으로 보는 재외한인의 역사』. 서울:행정자치부 국
　　가기록원, 2016

국사편찬위원회, 『유럽 한인의 역사』(상)(하). 과천:국사편찬위원
　　회, 2013.

국사편찬위원회, 『러시아 중앙아시아 한인의 역사』. 과천:국사편찬
　　위원회, 2008

국사편찬위원회, 『중남미 한인의 역사』. 과천:국사편찬위원회,
　　2007.

한국기독교역사학회, 『한국 기독교의 역사 I』. 서울:기독교문사,
　　2011.

한국이민사박물관, 『한국이민사 박물관』. 인천:인천광역시립박물
　　관, 2014.

한국이민사박물관, 『한인 해외 Diaspora의 역사와 특징』. 인천:인
　　천광역시교육청, 2014.

호주한인50년사편찬위원회, 『호주 한인 50년사』. 서울:도서출판 진
　　흥, 2008.

뉴질랜드한인사편찬위원회, 『뉴질랜드 한인사』. 뉴질랜드한인사편
　　찬위원회, 2008.

윤인진, 『세계의 한인이주사』. 파주:(주)나남.대한민국역사박물관, 2013.

최순호 글·사진, 『조선족이야기』. 서울:(주)민음사, 2004.

권이종 편집, 『파독광부 백서』. 서울:(사)한국파독광부총연합회, 2009.

백영훈 지음, 신리 옮김, 『아우토반에 뿌린 눈물』. 서울:한국산업개발연구원, 1997.

크리스천헤럴드 편집부, 『태평양을 가로지른 무지개』1,2,3권. 서울: 크리스천헤럴드, 2006.

전혜찬, 전경원 외 공저, 『멕시코 쿠바 한인사』. 서울:한국외국어대학출판부, 2005.

모펫, 함태영, 엥겔, 차상진 공저, 『조선예수교장로회사기』(상). 서울:조선예수교장로회 총회. 창문사, 1928.

이규태, 『맨날기자 남한 종횡기』. 서울:삼중당, 1967.

이덕주, 『한국 기독교 선구자 한석진 목사의 생애와 사상』. 서울:기독교문사, 2008.

이수환, 『일본에서 한국을 선교한 이수정 선교사 이야기』. 서울:목양, 2012.

이훈구, 『21세기 선교신학의 성경적 재구성』. 서울:올리브나무, 2012.

박청산, 『내 고향 연변』. 연변:연변인민출판사, 2004.

조종남, 『세계복음화 운동의 역사와 정신』. 서울:로잔세계복음화한국위원회. 한국기독교학생회출판부, 1992.

Robin Cohen, *"Global Diasporas: An Introduction"*. Seattle University of Washington Press, 1997.

Sam George, "Diaspora: A hidden link to 'From Everywhere to Everywhere' Missiology", *Missiology: An*

International Review Vol. XXXIX, no.1, 2011.

William Safran, "Diasporas in Modern Society: Myths of Homeland and Return", *Diasporas* 1. 1991.

William Safran, "The Jewish Diaspora in Comparative and Theoretical Perspective". *Israel Studies 10.1*, 2005.

Brent Hayes Edwards, *"Diaspora"* in *Keywords for American cultural studies*. NYC NY: NYU press, 2007.

Khachig Tölölyan, "The Nation State and Its Others: In Lieu of Preface". *Diasporas 1*. 1991.

V.Y. Mudimbe & Sabin Engle, "Introduction: Diaspora and Immigration." *The South Atlantic Quarterly Special Issue 98*. 1999.

※ 단행본은 인용 횟수와 중요도 등의 문제를 고려하여
  횃불재단 〉 정부기관 〉 공공단체 〉 기타 단행본의 순으로 정리했습니다.

〈논문〉

이훈구, "창세기에 나타난 족장들의 선교 연구", 『데오엔로고스』.
  2015. 1. 6.

정호상, "최관흘의 생애와 러시아 연해주 지역 선교 연구", 서울:국
  회도서관, 2004.

〈신문/잡지 기사〉

권혁승, "권혁승 칼럼", 『크리스찬 투데이』. 2016. 4. 13.

김현재, "고려인①:대륙 진출의 개척자들", 『연합뉴스』. 2014.6.10.

박재완, "박재완의 기찬 여행", 『무등일보』. 2015.1.23.

반병률, "러시아의 한인발자취를 찾아서", 『신동아』. 2003년 6월
　　　호.

양명득, "호주의 첫 한인 시민권자, 드디어 베일을 벗다", 『서울의
　　　소리』. 2009.7.7.

양민경, "김약연 선생 · 윤동주 시인 등 수많은 항일 애국지사 배
　　　출, 북간도 명동촌 십자가 '막새'한국 온다", 『국민일보』.
　　　2015.7.3.

원제연, "강력한 다이너마이트 도화선에 불을 당긴 바울", 『교회와
　　　신앙』. 2016.6.8.

장창일, "한민족디아스포라(24) 차별의 벽 뛰어넘는 한인 디아스포
　　　라", 『기독공보』. 2002.11.9.

정창수, "사진결혼, 역사의 반복", 『시민사회신문』. 2010.1.11.

함태경, "세계 청년 · 학생선교운동의 어제 오늘 내일 (16):한국의
　　　해외유학생선교운동", 『국민일보』. 2004.6.13.

양모듬, "派獨간호사 1만 명, 가족 울까 편지도 참아…", 『조선일
　　　보』. 2013.1.4.

〈카페/블로그 글〉

권혁승(서울신학대 구약학 교수), "날마다 말씀따라 새롭게".

그레이스 한인교회 "에스더시리즈".

오상철, "디아스포라의 재발견", 월드디아스포라포럼, 2016.

최용준, "열방을 섬기는 디아스포라(4): 베드로의 설교 및 초대교회
　　　에 나타난 디아스포라" 카페 글 참고.

"초기 한국 교회의 예배", 『기독정보넷』. https://www.cjob.co.kr/
    mission/2640.html?page=27
"현대선교의 아버지 윌리엄 캐리", 예음교회 신앙칼럼. http://
    yeum.tistory.com/182

〈사이트〉

고려인돕기운동본부 블로그 http://blog.naver.com/okinawapark/59779482
고려인마을 http://www.koreancoop.com/sub.php?PID=0406
국가기록원 http://www.archives.go.kr/next/viewMain.do
기독교선교횃불재단 디아스포라 http://www.diaspora.co.kr/
    index.html
네이버지식백과 http://terms.naver.com/
독일문화원 https://www.goethe.de/ins/kr/ko/index.html
동북아 디아스포라 디지털 아카이브 http://archive.hansang.
    or.kr
디아스포라 영화제 http://diaff.org/xe/Worldwide
블라디보스토크 정호상 선교사 홈페이지 http://blog.daum.net/
    hosang92/9119306
세계선교연구원 http://pctscwm.tistory.com/
위키백과 한국어판 https://ko.wikipedia.org
재외한인역사 http://theme.archives.go.kr/next/immigration/
    viewMain.do
코리안 디아스포라 http://diaff.org/xe/Korean_Diaspora

한민족 디아스포라 행전
사진집

1890년대 평양지역 전도활동을 시작한 01
뒤 평양신학교를 세운
새뮤얼 모펫 선교사

시골의 조선인 가정을 심방중인 외국인 선교사들 (1890년대) 02

03 평양교회. 예배공동체가 교회가 되었다.

04 제중원의학교의 교과서

제중원의학교의 첫 졸업생. 뒷줄 왼쪽 김필순, 가운데 홍석후, 05
가운데줄 왼쪽 주현칙, 오른쪽 박서양(1908년)

1903년 평양신학교에 입학한 한국초기신학생. 06
길선주 좌측 마포삼열(마펫), 우측 이길함(그레함 리)

07 한국 최초 목사 7인의 평양신학교 제1회 졸업식.
앞줄 왼쪽부터 한석진, 이기풍, 길선주, 송인서, 뒷줄 왼쪽부터 방기창, 서경조, 양전백(1907년)

08 길선주 목사와 평양 장대현교회

북장로회 선교사 가족. 왼쪽이 언더우드 가족(1893년) 09

첫 이민선 갤릭호에 탄 50여 명의 인천내리감리교회 교우들(1902년) 10

11 하와이를 방문한 존스 목사가(George H. Jones) 한인교역자들을 만나고 있다.(1906년)

12 국치일(8월19일) 항일 결전을 다지며 L.A.시청광장에 태극기를 올리는 첫 헌기식을 가졌다.
   (1942년 8월 29일)

중노동이 필요했던 하와이 사탕수수 농장 13

하와이에 도착한 최초의 한인 이민자들(1903년) 14

15 하와이 파인애플 농사를 위해 땅을 개간하고 있는 국민군단 병사들(1914년)

16 일본정부가 하와이 사진신부에게 발행한 여권(1918년)

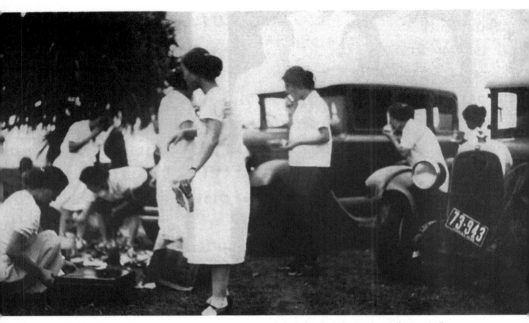

하와이에 온 사진신부들의 소풍(1920년대) 17

하와이 사진신부 이남수씨(오른쪽) (1922년) 18

19 호놀룰루한인감리교회 여선교회(1915년)

20 캘리포니아 농장지대의 만티카 한인교회(1918년)

스튜어트부인(앞줄 가운데)의 지도를 받은 미국 업랜드 한인성경공부반 21

캘리포니아주 레드랜드에 세워진 북미한인야소교회 교인들(1906년) 22

韓人ノ間島ニ移住ニ関シ本年三月十七日ヲ以テ清
機密第六号ノ三ヲ以テ及報告置候
願其後ノ状況ニ就キ清津警察署
長ヨリ左記報告ニ接シ候条此段報告
候也

記

間嶋移住民ハ更ニ後續々當郡内ヲ通過
スル者ハ多ク原因ヲ最調シテ更ニ多シ耶蓋
散候者ニシテ昨年豊作物殊ニ寒等ニ不

作為ノ生活ニ苦シミ移住スルモノトシテ且ニ一種
ノ移住流行熱ニ冒サレタルガ如ク移住後ニ於テ
何等成算目的ノ有スルモノニアラサルガ如シ又
聞知スル處ハ本道鐘城郡鐘海面
新洞居住南先達ト稱スル韓人ニ言ニ依
ハ近來間嶋ニ移住スルハ將末ニ於テ韓
合邦セラルルガ如ク合邦實施ノ曉ハ
多數ノ日本人入込ニ依リ朝人ハ酷待スヘ
ク依リ其難ヲ免ルル為ニ移住スルモノニシテ殊
ニ北韓ノ如キ間嶋ニ近キ場所ニ於テハ北韓

0262

23 한인 간도 이주에 관한 보고(1910년)

24 중국 상해에서 거행된 대한민국임시정부 · 의정원 신년축하식 기념사진.
김구, 여운형 등 57명이 참여하였다(1921년 1월 1일)

안창호 선생이 중국 남경에 설립한 동명학원 창립 기념(1924년) 25

연길 공교회가 세운 대성학교 갑반생 학생과 교사(홍현주) (1920년) 26

27 만주 용정에 설치된 민족교육기관 서전서숙의 기록화

28 간도의 애국부인회가 선언한 대한독립여자선언서(1919년)

두만강가 한인마을에서 연자맷돌을 돌리는 모습 29

구국군을 토벌하러 혼춘을 출발하는 일본토벌대의 모습 30

31 두만강가 한인마을에서 김치를 담그는 풍경

32 중공군 위탁교육 한국독립군 및 광복군(1940년)

러일전쟁에서 승리한 일본이 임의로 만든 대한제국지도(1908년) 33

독립운동가 조성환의 가족사진. 그는 북경과 상해 등 항일구국운동에 투신했다. 34

35 간도 용정촌 서전대야 독립선언포고문. (1919년 3월 13일)

36 레닌기치(러시아공화국 공동신문)에 실린
조선인 강제이주 및 처형에 관한 기사(1989년 8월 12일)

1920년대 항일독립투사들이 연해주 블라디보스토크에 개척한 37
한인 집단이주지 신한촌의 신사들(1927년)

원동에서 강제 이주된 고려인들이 토굴을 짓고 살았던 정착지 38

39 중국 연해주에서 카자흐스탄으로 집단 이주하기 전까지 활동을 기록한 국문 수기

40 콜호츠(집단농장)의 고려인들

콜호츠(집단농장)의 고려인들 41

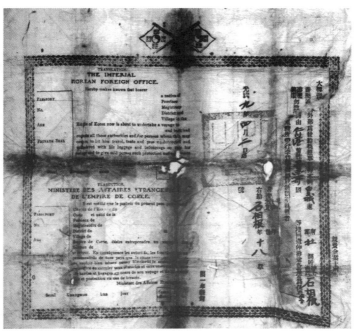

멕시코로 이민 간 석상근의 대한제국 외부의 집조(여권) (1905년 4월 2일 발행) 42

43 1905년 당시 멕시코 쁘로그레소 항 기차역의 모습

44 에네켄에서 실을 뽑아 분리 공장에서 섬유를 추출하는 모습

에네켄 잎을 기계에 넣고 빻으면 섬유(소스킬-오른쪽)와 찌꺼기로 분리된다. 45

멕시코 따멕 농장. 에네켄에서 뽑아낸 실(소스킬)을 말리는 모습 46

47 멕시코 에네켄 사낙따 농장. 1910년대 150여명의 한인들이 살았고 국어학교도 있었다.

48 1908년 최초의 메리다 한인감리교회이자 1909년 국민회 회관으로 사용했던 집

메리다 한인회관. 2005년 멕시코 이민 100주년을 맞아 새롭게 이민기념박물관으로 단장했다. 49

국민회 메리다지방회 창립회원(왼쪽부터 이근영, 신광희, 황사용, 방경일) 50

51 3·1운동 직후 구미위원부에서 발행한 독립공채

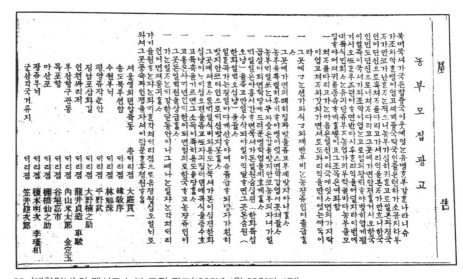

52 〈대한일보〉의 멕시코 농부 모집 광고(1905년 1월 29일자 4면)

쿠바 에네켄 농장의 한인(1950년) 53

쿠바국민회관의 민성국어학교 54

55 대한인국민회 아바나지방회관에서 3 · 1절을 기념하는 쿠바 초기 한인들(1937년)

56 초기교회 지도자들이 일본에서 열린 세계신학생연맹에 참석했다.

장훈학교 초등과 제1회 졸업식(1908년) 57

일제의 강제동원령으로 징병된 조선학병들의 무운장구를 비는 천일침을 수놓는 여인들의 모습 58

59 일제강점기 채금 광경

60 일제강점기 강제 징용자들

일본 훗카이도 구시로시 샤쿠베츠 탄광으로 동원된 조선인 강제 노무자 61

일본 후쿠오카현 야마다 탄광으로 동원된 조선인 강제 노무자 62

63 일제강점기 3 · 1 만세운동을 한 사람들이 처형당하고 있다.(1919년)

64 박정희 대통령 내외의 함보른광산 방문을 환영하는 파독광부들(1964년)

파독간호사 출국. 1966~1977년 출국한 파독간호사는 1만 2천여 명에 달한다. 65

호주 선교사로 국내복음화에 앞장선 데이비스 선교사 66

67 코필드 그래머 스쿨의 초대교사들과 데이비스 교장(앞줄 가운데) (1884년)

68 호주에서 온 초기선교사들

2011 제1회 햇불한민족디아스포라세계선교대회 – 잠실실내체육관 집회 69

2011 제1회 햇불한민족디아스포라세계선교대회 – 참석자들 70

71 2011 제1회 횃불한민족디아스포라세계선교대회 — 대회 사회를 맡은 탤런트 한혜진과 스티브장 교수

72 2014 제2회 횃불한민족디아스포라세계선교대회 — 지역횃불회를 방문한 디아스포라들

2015 제3회 횃불한민족디아스포라세계선교대회 – 디아스포라들의 부채춤 공연 73

2015 제3회 횃불한민족디아스포라세계선교대회 – 횃불선교센터 사랑성전 74

75 2015 제3회 횃불한민족디아스포라세계선교대회 − 서로를 위해 기도하는 디아스포라들

76 2015 제3회 횃불한민족디아스포라세계선교대회 − 디아스포라들의 장기자랑

2015 제3회 햇불한민족디아스포라세계선교대회 – 중국 디아스포라들의 찬양 77

2015 제3회 햇불한민족디아스포라세계선교대회 – 파송장 수여식 78

2권 도판 목록

19	20	21
호놀룰루한인감리교회 1915	만티카 한인교회 1918	미국 업랜드 한인성경공부반
크리스천헤럴드	크리스천헤럴드 USC 소장	크리스천헤럴드 손상웅 제공

22	23	24
북미한인야소교회 교인들 1906	한인간도이중에 관한 보고건 1910	임시정부 신년축하기념 1921
크리스천헤럴드 손상웅 제공	국가기록원	독립기념관

25	26	27
한인동명학원창립기념 1924	연길 공교회가 세운 대성학교 1920	서전서숙
독립기념관	독립기념관	독립기념관

28	29	30
대한독립여자선언서 1919	연자방아	혼춘출발하는 일본군인
독립기념관	독립기념관	독립기념관

31	32	33
김치담그기	한국독립군 및 광복군 1940	대한제국지도 1908
독립기념관	독립기념관	독립기념관

34	35	
독립운동가 조성환 가족	독립선언포고문 1919년	
독립기념관	국가기록원	

36	37	
레닌기치에 실린 조명희 기사 1989	신한촌의 신사들 1927	
독립기념관	독립기념관	